Bibliothèque
de Me. la Dauphine
No. 1.

BIBLIOTHEQUE

DE MADAME

LA DAUPHINE.

N.º I.

HISTOIRE.

A PARIS,

Chez SAILLANT & NYON, Libraires,
rue Saint-Jean-de-Beauvais ;

Et chez MOUTARD, Libraire de Madame
la Dauphine, quai des Augustins.

M. DCC. LXX.

AVERTISSEMENT.

JE voulois d'abord ne faire qu'un Catalogue raisonné des Livres de Madame LA DAUPHINE ; j'ai cru que je la servirois plus utilement, en lui présentant successivement, sur tous les objets dont ses Livres peuvent l'entretenir, un plan qui la mît à portée de les saisir plus facilement, & de les ranger avec plus d'ordre dans sa mémoire. J'ai commencé par l'Histoire, dont, à l'âge de Madame LA DAUPHINE, l'étude est la plus facile & la plus satisfaisante de toutes : puisse cet essai lui plaire, puisse son

A ij

suffrage encourager un zèle dont il sera toujours la plus flatteuſe récompense.

BIBLIOTHEQUE

DE MADAME

LA DAUPHINE.

No I.

L A Bibliotheque de Madame LA DAUPHINE est devenue mon asile : il est doux de vieillir à l'ombre des vertus & des lettres.

Là viendra quelquefois jouir en repos de ses pensées, une PRINCESSE dont l'ame est élevée, l'imagination gaie, & le caractère solide. N'osant se plaindre de la monotonie des vivants, fatiguée de respects & de complaisances, & rarement assez heureuse pour être contredite, elle viendra dire aux morts :

A iij

» Aidez moi à nourrir la lumière & la chaleur
» dont j'ai besoin ; je sens en moi ces deux
» principes de vie, je les cherche dans les
» autres. O ! mes Livres, soyez mes égaux ».

Témoin du vœu de cette grande Ame,
peut-être serai-je alors assez heureux pour
le seconder. J'évoquerai, en sa présence, les
ombres de ces Savants, qui, devenus les pré-
cepteurs du genre-humain, ont acquis le
droit d'instruire ceux que leur rang destine
à en être les bienfaiteurs.

Mes fonctions ne seront donc pas seulement de disposer autour de Madame LA
DAUPHINE, toutes les sources où elle doit
puiser soit de solides instructions, soit des
amusements utiles. Sa Bibliotheque ne sera
jamais pour elle un Dédale ; mais dans le
palais le mieux ordonné, pour peu qu'il soit
vaste, on a souvent besoin d'un guide ; &,
pour se conduire sûrement, il faut quelquefois ménager jusqu'aux jours qui nous éclairent. Si l'obscurité nous égare, trop de lumière éblouit.

Madame LA DAUPHINE est dans cet âge
heureux où un esprit, déjà muri par l'éducation, commence à sentir ses forces, & brûle
de les essayer. Elle possède les germes de
tout, & elle jouit d'avance du plaisir de les
voir tous éclore successivement ; mais elle ne
perdra point de vue que les connoissances
doivent nous conduire au bonheur, & elle
observera avec satisfaction que DIEU attacha
le plus haut degré de certitude à celles des
sciences humaines, qui ont un rapport le plus
direct à notre bien-être. Toutes ces spécu-
lations pénibles qui ont fatigué en pure perte
l'intelligence humaine, n'ont été, dans tous
les âges, que les rêves d'une philosophie
stérile. Celle-là seule a servi utilement l'univers, qui, pleine de reconnoissance pour les
bienfaits du Créateur, n'a travaillé qu'à les
étendre, n'a recherché la cause des Etres
que pour en trouver la destination, & s'est
principalement appliquée à la remplir.

Celle de Madame LA DAUPHINE est de
faire le bonheur d'un Prince qui, destiné à
rendre un grand peuple heureux, ne pourra

l'être lui-même que par elle & avec elle. Si nos Lois n'ont pas permis qu'en France le sceptre fût jamais porté par une Princesse, par-tout les lois de la Nature ont appelé les Femmes à un genre de gouvernement qui est le modèle de celui des États. Que leur empire est doux & glorieux ! Elles sont comme la raison & la bienfaisance : elles ne subjuguent qu'en éclairant, & elles ne sont puissantes que parce qu'elles sont aimées.

Orner leur esprit est donc ajouter à leur pouvoir : car chez elles il n'ordonne point, il instruit, il conseille, il insinue; on ne croit point leur obéir, on leur cède toujours. Heureux l'homme à qui l'amour même ne donne que des conseils avoués par la sagesse, & qui, ne suivant que l'attrait des graces, se trouve arrivé où la justice la plus austère eût dû le conduire ! Des Ministres intéressés avoient donné à Auguste des conseils sanguinaires; ce fut Livie qui, la première, osa lui conseiller la clémence. Il s'étoit fatigué dans les routes de l'ambition ; sa Femme ouvrit devant lui un chemin de fleurs qui le conduisit à la gloire.

Je viens d'indiquer à Madame la Dauphine le but de ses lectures ; elle apperçoit,
sans doute, le principe qui doit en régler le
choix. Elle trouvera dans sa Bibliotheque des
Livres destinés à l'amuser : Poësie, Littéra-
ture, Spectacles. Sous ce point de vûe tout ce
qui est honnête lui devient égal: ne cherche-
t-elle qu'à délasser son esprit, en égayant son
imagination ? elle doit suivre l'attrait du moment, & son goût est sa règle.

Il est d'autres Livres destinés à l'instruire.
Ceux-là supposent une méthode, & exigent
de l'ordre dans la suite des lectures ; car
l'ame n'apperçoit bien que ce qui est rangé
devant elle. S'instruire, c'est meubler sa
mémoire ; c'est y disposer tout ce qui doit
nous servir un jour & pour notre bonheur
& pour celui des autres. Or le désordre n'a
jamais formé un ameublement ; il ne suffit
pas d'entasser des richesses, il faut ensuite
savoir où les prendre. Si, en parlant à une
Princesse qui aura sans doute bien d'autres
soins que celui de plaire, j'osois employer
une comparaison tirée de sa toilette, je dirois

que les lectures d'amusement ressemblent à ces parures dont on change tous les jours. Les connoissances utiles sont ces vêtements uniformes qui nous défendent contre l'injure des saisons, qui réunissent l'utilité à la décence, & que l'on plie avec soin, parce qu'on doit les reprendre avec plaisir.

L'Histoire fournira à Madame la Dauphine une suite de lectures également propres & à l'amuser & à l'instruire : de toutes lès études qui occupent & l'enfance & l'âge heureux qui la suit, c'est celle qui applique le moins & satisfait le plus. L'homme est né curieux, parce que la vérité est la nourriture naturelle de son ame. A peine sait-il parler, qu'il interroge tout ce qui l'environne ; il demande la cause, la raison, l'origine de tout : or c'est l'Histoire qui répond à toutes ses questions avec le plus de clarté, de certitude & de précision. Son imagination peut l'égarer, souvent il croit raisonner, & il ne fait que sentir ; mais la Nature ne le trompera point en mettant devant ses yeux l'expérience de tous les siècles.

Cette expérience est même, par malheur, presque la seule qui puisse instruire les Rois & les Princes nés & élevés à l'ombre du Trône : mille passions cachées s'agitent autour d'eux , un feu dévorant desséche les ames qui les entourent ; mais, sur les visages qui les approchent , règne un respect immobile ; un froid morne, un silence profond, quelques sons qui se répétent , & sont presque toujours les mêmes ; voilà ce qu'offre à leurs yeux ce magnifique cercle que l'on nomme une Cour brillante. Madame LA DAUPHINE répandra sans doute , autour d'elle , la douce chaleur de son ame ; elle fera tout ce qu'elle pourra pour inviter les autres à s'ouvrir : Elle appellera la confiance à son secours ; mais sa franchise même qui lui vaudra le bonheur d'entendre quelques vérités , ne lui procurera jamais cette expérience qui n'est que la combinaison & le résultat de toutes, & par laquelle fut formé dès son enfance ce sujet obscur qui, poussé & repoussé par la foule , n'est devenu un grand homme qu'en écartant les obstacles, & en luttant contre les difficultés. Un tel homme ira chercher la vérité , il faudra bien qu'il la trouve : mais les Princes ne la rencontrent que lorsqu'elle vient au-devant d'eux, & alors même trop d'intérêts, trop de passions lui ferment le chemin ; elle ne parvient à eux qu'à travers les tombeaux de leurs Ancêtres ; car cette route n'est point obsédée par les Courtisans, & c'est-là qu'il est écrit en caractères que les siécles n'effacent point : *Malheur aux Tyrans qui firent le mal ; malheur aux Foibles qui le permirent.*

Je suppose que l'étude de l'Histoire ouvre devant Madame LA DAUPHINE une agréable & longue carrière ; je voudrois aujourd'hui lui en tracer la carte : car c'est sur-tout en lisant l'Histoire qu'il faut se faire un plan ; sans cela on entasse des faits dans sa mémoire ; mais s'ils n'y tiennent à rien, s'ils s'y trouvent à côté des événemens qui y ont le moins de rapport, si l'on perd de vûe & le fil qui les lie, & l'objet moral qui les rend intéressans, bientôt ils s'échappent de notre mémoire, & s'ils y restent, nous ne les y retrouvons plus que par hasard, & dans une confusion qui contribue beaucoup à celle de nos idées.

L'objet & le but moral de l'Histoire ; la
chaîne des événemens qui la composent ; la HISTOIRE.
suite des Livres qui nous en instruisent ;
voilà les trois points de vûe sous lesquels le
Bibliothécaire de Madame LA DAUPHINE doit
envisager aujourd'hui les services qu'il peut
lui rendre. Dans quel esprit les Princes doi-
vent-ils lire l'Histoire ? Quelle méthode doi-
vent-ils suivre pour l'apprendre ? Et, parmi
cette foule d'Auteurs qui l'ont écrite, quels
sont les guides qu'ils doivent choisir ? Puissé-
je, en répondant à ces questions, acquitter la
dette de mon zèle, & faire agréer à Madame
LA DAUPHINE le premier hommage de ma
plume.

§. I

Objet moral de l'étude de l'Histoire.

HISTOIRE. Tout le monde connoît les avantages de cette science ; il en est un qui les réunit tous & que les Princes ne doivent point perdre de vue ; le flambeau de l'Histoire leur découvre la marche du premier de tous les pouvoirs, de celui auquel ils sont eux-mêmes soumis, & sans lequel ils feroient, pour gouverner les hommes, des efforts aussi impuissants que pénibles.

Quelle est-elle, cette autorité supérieure à celle des Rois & par laquelle seule ils sont puissants ? J'oserai répondre : c'est celle qu'ils trouvent très-bon de voir invoquer contre eux-mêmes lorsqu'ils ordonnent à leurs sujets de les instruire par des conseils, de les avertir par des représentations, de venir se plaindre à eux de l'injustice qu'ils pourroient ordonner : que dis-je ? c'est celle que tous les Souverains appellent eux-mêmes à leur se-

cours, & devant laquelle ils plaident leur
propre cause avant que d'en confier la défense
à cent mille bras. La raison, la justice, l'humanité, cette lumière qui éclaire la paix du
juste & réveille les remords dans l'ame du
méchant. Voilà les premiers souverains de la
terre, l'histoire de leur règne commence
avec celle du monde.

Partons de l'instant où l'univers sortit des
mains de l'Éternel, & voyons naître d'un
seul homme cette première famille dont les
descendants vont passer sous nos yeux : elle
est destinée au bonheur, & ce bonheur commencé sur la terre doit se consommer &
se perpétuer dans une autre vie. Heureux dès
ce monde, s'il est sage, l'homme doit jouir
ensuite dans le sein de Dieu même de la plé-
nitude d'une félicité dont la durée n'aura
point de bornes.

Pour le conduire à cette double fin, Dieu
lui donna la raison ; elle l'éclaire sur tous les
moyens d'être heureux dans cette vie ; il lui
apprit par la révélation, tout ce qui peut lui

faire mériter la félicité de l'autre : toutes les deux sont la voix de Dieu, qui dans le même jour appela également l'homme & à la Société & à la Religion.

La Raison est une, sa marche est uniforme dans tous les esprits. La Religion est une aussi, elle prescrit à tous les hommes les mêmes devoirs. Tels furent les deux guides qui furent donnés au genre-humain pour le faire arriver au même terme.

Malheureusement pour lui & pour sa race, il s'écarta de la route qu'ils lui traçoient. La première prévarication, qui couvrit toute la terre de ronces & d'épines, couvrit aussi l'esprit de l'homme des plus épaisses ténèbres. Les passions obscurcirent la raison ; les superstitions altérèrent la Religion. Les premières divinisèrent les objets de leur attachement, & l'idolâtrie parut. Les autres prétèrent à la Divinité toutes les foiblesses de l'homme, & les Nations eurent des Prêtres intéressés & cruels. Condamné à manger son pain à la sueur de son front, ce ne fut pas

seulement

seulement pour vivre, ce fut encore pour
connoître que l'homme eut besoin de travail.
Pour retrouver la raison, il lui falut le raisonnement, & souvent celui-ci l'égara. La
première révélation eût également disparu
de dessus la face de la terre, si Dieu ne l'eût
renouvellée d'âge en âge, & n'en eût conservé le dépôt entre les mains d'un peuple
dont l'existence & le gouvernement furent
même, dans tous les tems, la plus forte
preuve de cette révélation si nécessaire.

Malgré cette dégradation générale, ce
que nous connoissons de l'univers présente
encore le plus beau & le plus magnifique
spectacle qui puisse honorer la sagesse de
l'Éternel. Là tous les êtres ont leur fin, &
ceux mêmes qui, éloignés de nous par des
intervalles immenses, ont, sans doute, une
multitude de relations que nous n'apperce-
vrons jamais, ont, par rapport à nous, des
destinations d'utilité qui doivent sans cesse
exciter notre reconnoissance. Là tout est en
mouvement, & tout mouvement a ses règles.
Là, par les loix d'un invariable mécanisme,

les êtres inanimés remplissent leur destination: les êtres sensibles en sont avertis par l'impulsion du besoin. L'Etre raisonnable la suit librement, &, maître de lui, le devient encore de toute la Nature, en employant les secours qu'il ne reçut que pour cet usage.

La combinaison de toutes ces destinations, la nécessité de s'y conformer, les obligations réciproques qui en dérivent, voilà, sans doute, ce que l'on nomme l'ordre naturel. Il est le devoir physique de tous les êtres incapables de réflexion : il est le devoir moral de l'homme qui reçut en naissant la liberté & la conscience.

La raison qui l'apperçoit, la Religion qui le prescrit, sont donc les deux flambeaux à la lumière desquels l'homme doit marcher dans cette vie. Telles sont aussi les deux puissances qui depuis la dégradation de nos premiers parens, ont parcouru la terre pour instruire, réparer & guérir.

Suivons leur marche de siècle en siécle :

voyons les pays qu'elles abandonnent livrés HISTOIRE.
aux folies les plus absurdes, aux travers les
plus nuisibles, aux calamités les plus déplorables. Voyons les Empires qu'elles viennent
éclairer devenir heureux & puissans à mesure
que les Rois & les Peuples se soumettent à
cette double autorité.

Considérée sous ce point de vue, rien de
plus intéressant, rien de plus instructif que
l'Histoire : si elle nous apprend les malheurs
des Nations, elle nous en découvre la cause
dans leur injustice ou dans leur folie ; elle nous
fait voir l'abondance & la paix accourir par-
tout où les appellent les saintes loix de la
Nature ; elle nous instruit à rapporter à Dieu
tous les biens dont il nous comble ; à n'accuser
que l'homme des misères qui l'accablent.
L'Histoire de l'univers est celle des crimes &
des désastres du genre-humain ; qu'elle soit
l'histoire du règne de la raison, & les fastes du
monde ne présenteront que des monumens
de reconnoissance. L'homme est presque toujours ou un enfant qui bat sa nourrice, ou
un furieux qui calomnie son bienfaiteur.

B ij

 Dieu l'appelle à cultiver la terre : il circonscrit un jardin délicieux ; & il dit à l'homme : Ceci est à toi. Voilà la première de toutes les propriétés établie par Dieu même. La terre, j'en conviens, fut bientôt maudite. Qu'en résulta-t-il ? la nécessité de défrîcher & de réunir ses forces ; mais la destination de l'homme resta toujours la même. La culture d'un jardin avoit été l'heureuse occupation d'Adam ; ses enfants eurent aussi chacun leur portion de terre ; mais ils ne la rendirent féconde que par des soins pénibles & laborieux. Ils se partagèrent les propriétés, & se réunirent pour les faire valoir & les défendre. Les familles s'associèrent, les états se formèrent, & l'homme, qui dans l'innocente société du Paradis - Terrestre, eût trouvé son bonheur à aimer ses freres, dut encore les aimer comme des êtres qui lui étoient nécessaires, & sans lesquels il lui étoit impossible de remplir sa fin.

De-là le gouvernement, les arts & les sciences ; de-là aussi la nécessité d'un culte extérieur & public, qui n'est autre chose

que l'hommage rendu au Créateur, non par
l'homme seul pour qui il eût été suffisant
d'adorer en esprit & en vérité, mais par la
société réunie dont tous les membres durent
trouver la plus grande satisfaction à s'attendrir en commun sur les bienfaits du Créateur,
& à signaler leur sensibilité par des cris de
reconnoissance.

Ces lois destinées à rendre l'homme heureux, ce culte qui sembloit appeler Dieu
même à témoin de son bonheur, se conservèrent quelque-tems parmi les premiers habitans de la terre. Lisez l'Ecriture, & vous
verrez les Egyptiens du tems d'Abraham
connoître & craindre le même Dieu que lui.
Les premiers sacrifices furent offerts au Père
commun de toute la Nature; & le premier
autel fut une table autour de laquelle la famille assemblée leva vers le Ciel les prémices
de ses fruits & de ses troupeaux, reconnut
que Dieu lui avoit tout donné, & célébra,
par des Cantiques de joie, la bienfaisance
de son Auteur.

B iij

 L'homme étoit libre, il avoit le pouvoir
de tout embellir & de tout perfectionner;
mais il avoit, par la même raison, celui de
tout altérer, de tout outrer, & de tout dégrader; destiné à être dans la société l'artisan
de son bonheur, il avoit reçu de la nature
un sol fécond, mais des fruits amers; il devoit labourer & greffer. Il composa des poi-
sons. Il avoit dû inventer les arts pour sa
sûreté & pour sa défense, il en abusa pour
sa propre destruction. La nature avoit armé
le taureau & le lion; mais elle avoit voulu que
l'homme s'armât pour repousser les attaques
des bêtes féroces; il devint bête féroce lui-
même: il usurpa, il conquit les propriétés
de ses frères; il répandit leur sang, il en-
chaîna leur liberté; & les chefs des peuples,
qui ne devoient que gouverner, voulurent
posséder leurs semblables.

Ici commence le règne des passions; ici
commencent avec elles la licence de la multitude & le despotisme des tyrans. Lisez les
révolutions des Empires qui se succédèrent
pendant tant de siècles : les hommes s'y par-

tagent en deux classes, dont l'une excite votre indignation, l'autre intéresse votre pitié. Est-ce la nature qui a causé ces effroyables désordres? Les hommes ne se sont-ils donc réunis que pour être conduits à la mort comme de vils troupeaux? Reconnoît-on dans Nemrod l'autorité des premiers pères de famille?

Au milieu de ce chaos de misères & de crimes, quelle fut dans tous les tems la puissance protectrice vers laquelle le genre-humain tourna ses regards? Toujours visible, & presque par-tout ignorée, consultée en secret par des Sages qui publièrent ensuite les règles qu'elle leur dictoit, la raison réparoit d'espaces en espaces les malheurs causés par le délire, & construisoit son ouvrage immortel sur les débris des erreurs & des préjugés.

Elle ne brilla nulle part dans tout son éclat; car les passions ont toujours assemblé des nuages autour d'elle; mais par-tout où elle se montra, elle fut sûre d'acquérir des sujets : semblable à un Roi détrôné par des Tyrans, & qui viendroit tout d'un coup se montrer à des peuples dont il fit autrefois le bonheur. La multitude seroit pour lui, & les injustes Courtisans connoîtroient dans ce moment toute la foiblesse de l'usurpateur.

L'art de trouver & de procurer le bonheur, est le grand art que les hommes ont dû chercher dans tous les âges; & la science du gouvernement ne doit être, après tout, que cet art réduit en principes & constaté par l'expérience. Mais dans le vrai, qui est-ce qui a gouverné le monde? Sont-ce ces Conquérans qui ont dévasté la terre? Sont-ce même ces Guerriers qui, forcés à repousser l'oppresseur, ont été plus occupés de la sûreté que du bonheur de la société? L'homme méchant & robuste a tenu son frère sous ses pieds. Les Souverains ont donné des ordres; la raison seule a donné des lois; rien dans le monde n'a été gouverné que par elle.

C'est elle seule qui a appris aux hommes qu'ils tiennent de Dieu même la liberté, la

propriété, & tous les avantages naturels pour
lesquels ils furent formés : c'est elle qui leur
a dit que le gouvernement civil ne fut établi que contre ceux qui eussent voulu leur
ravir ces droits ; que loin d'anéantir la liberté,
il la suppose ; & que les Rois ne furent donnés au genre-humain que pour le soustraire
à la plus injuste & à la plus redoutable de
toutes les tyrannies, celle de la multitude.

Tous ceux qui dans l'univers ont exercé
quelque autorité, Rois, Pères de famille, Magistrats, n'ont été puissants que lorsqu'ils ont
été raisonnables. Ce n'est point à leur place,
c'est à leur conduite, qu'ont été rendus les
respects des peuples, qu'ont été prodigués les
éloges de leur postérité.

Madame LA DAUPHINE verra les fondateurs
des Empires, & elle cherchera à discerner la
base de l'édifice qu'ils ont construit, à saisir
le véritable ressort de leur puissance : il n'est
point dans la force de leurs armes : ils ont
vaincu, ils ont étonné les Nations. Qu'il y a
loin de-là à l'art de les conduire ! L'homme

n'est fait ni pour opprimer, ni pour être opprimé. Le droit du plus fort est dans la multitude, & à la longue les Conquérans seront toujours les plus foibles ; car je ne les distinguerai point des Tyrans, & ils le seront sans doute, si, après avoir mis leur ennemi par terre, ils veulent encore l'y tenir.

Fonder un Empire, c'est commencer à règner ; & l'on ne règne que par la raison & la justice : c'est celle-ci qu'il faut armer contre la licence si l'on veut commander à des peuples libres ; & par-tout où il n'y a point de liberté, il n'y a point de gouvernement. Romulus rassembla des Brigands qui finirent par l'égorger lui-même. Numa fut le fondateur de Rome.

Après avoir vu les États se former, examinez l'activité du ressort qui les fait mouvoir. Suivez la marche de la législation qui leur donne la vie. Avant que de connoître les peuples, nous avons l'idée de l'ordre, & c'est d'après cette idée que nous les jugeons. Nous trouvons des modèles dans l'Histoire ; mais

le premier de tous les modèles étoit dans
notre ame avant que nous lussions l'Histoire; Histoire.
& nous n'avions pas besoin de connoître
Titus & Trajan pour détester Néron & Ca-
ligula.

Si la règle de l'homme est antérieure à
ses actions, la règle des États précède également leur formation. Elle existoit avant le
pouvoir qu'elle devoit éclairer. Vous verrez
celui-ci tantôt confié à un seul homme, tantôt exercé par un petit nombre de Conseils,
tantôt remis entre les mains dangereuses de
la multitude. Vous observerez qu'il est par-
tout de la même nature, par-tout dirigé vers
la même fin : il est absolu & irrésistible, il
ne peut être arbitraire; car il a sa règle dans
la raison, qui n'est point l'ouvrage de l'homme, & qui est invariable comme son auteur.

Lors donc que Madame LA DAUPHINE
verra les Souverains donner des lois à leurs
peuples, elle se tournera avec eux vers cette
lumière éternelle qu'ils consultent, elle in-
terrogera elle - même leur oracle ; il n'a pas

deux réponses, & son infaillible décision doit être la même & dans notre cœur & dans le conseil du Prince dont nous lisons l'histoire. C'est alors que l'on apperçoit en quoi consiste la législation des Rois. On les trouve obligés d'ordonner, armés du pouvoir de contraindre ; mais ne recevant que de Dieu la lumière ; & , s'ils sont raisonnables, la cherchant de bonne-foi dans ce concert unanime des intelligences qu'il éclaire ; car les caprices de l'un ne sont pas les caprices de l'autre, & toutes les passions des hommes se combattent mutuellement : mais comme l'ordre est immuable, la raison qui l'apperçoit, qui l'indique, qui le suit, est la même dans tous les esprits ; & ceux que les Princes appellent à leurs conseils, loin d'être les simples exécuteurs de leurs volontés, ne sont, dans ce moment, que les Ministres de Dieu même, & les organes de sa sagesse : c'est celle-ci qui, en créant l'univers, lui a prescrit sa marche. Le meilleur Gouvernement possible est donc une des grandes idées de l'Eternel, & toute bonne loi ne fut, & ne sera jamais, qu'un pas vers ce terme.

Combien d'occasions l'Histoire ne vous Histoire. fournira-t-elle pas d'admirer ce pouvoir unique & universel de la raison ! Voyez-le partout miner à la longue les obstacles qu'il rencontre, & régir l'univers malgré l'inconséquence, la legéreté, le délire même des Nations; tantôt suppléer les lois, tantôt remplacer l'autorité de leurs exécuteurs; toujours élever ceux qui sont attentifs à le suivre, & renverser tôt ou tard les insensés qui osent le braver.

Il est des pays affreux où des peuples ignorants & barbares obéissent aveuglément à des maîtres imbécilles & cruels. Là il n'est point de lois stables entre le Prince & le Peuple; point de rempart qui défende le premier contre la licence, & l'autre contre la tyrannie. Dans ces tristes contrées, que deviendroit l'humanité sans le pouvoir naturel de la raison & de la justice ? Le Monarque, que rien n'arrête, tremble devant elles. Le Sujet, que rien ne protége, appelle à son secours la conscience de ses voisins. Le gouvernement est nul; mais l'homme sait que pour lui-même il n'a rien de mieux à faire que d'être juste. La raison, quoique mal secondée par l'autorité, n'en est pas moins la loi commune ; &, si quelque passion meurtrière vient jeter le désordre dans les familles, celles-ci ont recours au Prince comme à une force auxiliaire qui a elle-même intérêt de les défendre. Elles savent que, s'il a malheureusement le pouvoir indéfini de faire du mal, il n'a pas toujours celui de résister à ses remords.

Dans la décadence de l'Empire Romain, & lorsque toutes ses Provinces furent abandonnées à elles-mêmes par de foibles Souverains qui n'étoient plus en état de les défendre, qui est-ce qui soutint si long-tems les Gaules malgré l'espèce d'anarchie à laquelle elles étoient réduites ? Les lois Romaines, conformes à la justice, avoient établi partout l'ordre le plus raisonnable : il survêcut à l'autorité expirante. Des Barbares viennent fondre de toutes parts sur les débris de ce vaste colosse ; par-tout ils sont vainqueurs, & par-tout ils reconnoissent un pouvoir su-

périeur au leur. Quel étoit donc sur ces
Peuples féroces l'ascendant de Rome aux
abois? Les François, en contemplant le magnifique spectacle que leur offroient dans les
Gaules l'agriculture, les arts, le commerce,
l'administration des Tribunaux, admirèrent
l'empire de l'ordre, & sentirent qu'ils n'a-
voient rien de mieux à faire que de s'y sou-
mettre eux-mêmes. Ils avoient subjugué les
Romains, & ce fut des Romains mêmes qu'ils
apprirent à gouverner & à jouir. Cette Religion bienfaisante que Rome professoit, ces
Lois qui n'étoient, pour la plupart, que l'expression de la justice naturelle, & jusqu'à
cette langue que la Religion & les Lois sembloient avoir consacrée, tout fut adopté par
les Barbares, & c'est encore aujourd'hui
le siécle d'Auguste qui nous éclaire.

C'est surtout au milieu du chaos dont ces
grandes révolutions sont toujours précédées &
suivies, que l'on connoît tout le pouvoir de
la justice & de la raison; car les Brigands
armés qui fondent sur les Provinces, en sont
alors certainement les maîtres; mais ceux-là

 en sont véritablement les Rois dont l'ame courageuse sait faire entendre aux vainqueurs & aux vaincus la voix de l'humanité, & qui, lorsque le trône de l'autorité civile est vacant, viennent s'asseoir hardiment sur celui de la justice pour enseigner aux hommes la clémence. Le dirai-je ? tel est peut-être chez les Nations Européennes le titre des honneurs civils rendus aux Ministres de la Religion. Si dans tous les pays autrefois soumis à l'Empire Romain, les Evêques sont encore aujourd'hui les premiers de l'Etat, c'est parce que dans la décadence de l'Empire, ils se trouvèrent les seuls défenseurs de la Patrie, les seuls organes de la raison. Le pouvoir de gouverner, ce pouvoir essentiellement uni à celui de la justice, vint se placer tout naturellement entre les mains des hommes les plus éclairés de ce siècle. Il n'appartenoit point encore aux Guerriers féroces qui dévastoient les Gaules, l'Italie & l'Espagne ; il n'appartenoit plus ni aux lâches qui abandonnoient la Patrie, ni aux foibles qui n'étoient pas en état de la défendre ; il appela la Religion à son secours ; & la mo-

rale

rale de l'Evangile , en adoucissant les mœurs
des Conquérants, travailla elle-même à fonder
de nouveaux Empires sur les ruines de celui
que l'on voyoit s'écrouler de toutes parts.

J'aime à prendre mes exemples dans une
Histoire , dont Madame LA DAUPHINE par-
courra plus d'une fois les événemens. Ces
Fondateurs de la Monarchie Françoise , auxquels le Christianisme sauva sans doute plusieurs injustices ; mais dont il ne put entière-
ment adoucir la férocité , oublient la regle
de leur autorité ; leur puissance les enivre :
toujours armés, ils aiment mieux vaincre que
gouverner ; & les Magistrats , dépositaires
de leur pouvoir, ne connoissent eux-mêmes
que le droit du plus fort. Cet ordre , que
les Romains avoient établi dans les Gaules ,
& qui, depuis Constantin, avoit absolument
séparé l'administration civile du pouvoir des
armes, disparoît peu-à-peu chez un peuple
guerrier dont le Prince se croit toujours au
milieu d'un camp, & a choisi pour Magistrats les Officiers de ses Armées. Qu'arrive-
t'il ? Les fureurs insensées des descendants

Histoire.

N° I. C

de Clovis énervent leur pouvoir ; l'horrible supplice de Brunehaut acheve de dégrader la Royauté, & les Grands ne voient plus dans le Souverain que le complice de leurs crimes. La raison a cessé de guider la puissance, & peu-à-peu la puissance s'éclipse elle-même ; le Monarque a perdu, non le titre, mais la règle de son pouvoir. Il faut la chercher dans l'assemblée des Grands. Il faut voir si cette justice, que l'on n'apperçoit plus dans les ordres du Prince, pourra se retrouver dans les délibérations de la multitude. Ce n'est plus du Roi, c'est de l'Assemblée nationale que part la lumière qui guide la Nation, & le Ministre qui, se saisissant de ce flambeau, le montre aux Peuples, & leur dit avec assurance, *la Justice sera ma loi*, commence par être leur idole, & finit par être leur Maître. C'est cette Justice même qui rend le pouvoir héréditaire dans la Maison de Pepin : celle-ci n'est point encore placée sur le Trône, mais elle a défendu la Nation contre ses Ennemis : elle a fait entrer l'équité dans les conseils, la règle dans l'administration ; elle a dit, elle a senti que le sceptre du Monarque seroit toujours sans force s'il n'étoit joint au sceptre de la

raison. Que manquoit-t-il à l'aïeul de Charlemagne, que manquoit-il au fils de Martel? Fut-ce la décision de Rome qui le fit Roi? Pepin voulut calmer les consciences alarmées, mais il connoissoit mieux que personne la nature du pouvoir, dont il avoit commencé par se saisir.

Partons de cette époque mémorable, & parcourons toutes celles qui, successivement, donnèrent une forme certaine & une constitution fixe aux différents Etats dont étoit composé l'Empire de Charlemagne. L'ambition des uns, la foiblesse des autres, l'audace qui détruit, l'intrigue qui mine, l'avidité qui envahit, une multitude de Tyrans élevés & renversés successivement, écrasant les peuples, se détruisant eux-mêmes, & leur vil intérêt établissant par-tout les coutumes les plus bizarres, les vexations les plus absurdes, les usages les plus destructeurs. Voilà le précis des scènes qui se succèdent en France & en Allemagne, depuis l'affoiblissement des descendants de ce grand Prince. Voilà en peu de mots le précis du règne féodal. Qui est-ce qui a délivré l'Europe de cette barbarie ? Sont-ce les grands talents d'un seul homme ? Non ; ce sont les avis successifs que la raison a donnés à tous ; elle parloit aux Peuples, elle instruisoit les Rois malgré le délire de leurs passions ; elle faisoit la ressource de l'Esclave qui gémissoit, elle amollissoit en secret le cœur d'un Maître fatigué de n'être que le fléau de sa Patrie ; par-tout elle montroit à la Société & l'intérêt commun de tous, & les droits de chacun en particulier. Ici elle abolissoit pour jamais un usage meurtrier ; là elle délivroit le peuple d'une superstition insensée. Tantôt elle apprenoit à un Roi qu'il ne seroit jamais puissant tant que ses peuples seroient Esclaves, tantôt elle faisoit entendre aux Peuples qu'ils ne seroient jamais libres tant que le Souverain seroit lui-même sans autorité. Les passions des hommes avoient jeté par-tout le trouble ; la France & l'Allemagne paroissoient n'être couvertes que de ruines. La raison peu-à-peu a remis tout à sa place ; &, de ces matériaux dispersés sans ordre & sans choix par l'Anarchie féodale, elle a

lentement, mais solidement, construit l'immortel édifice de cette double constitution
que nous admirons dans ces pays si long-tems
désolés par la Barbarie. Qu'est devenu le règne
de la Tyrannie & des volontés arbitraires ?
Où sont ces combats judiciaires, ces épreuves
de l'eau & du feu qui déshonorèrent si long-
tems les Tribunaux ; ces guerres sanglantes,
nées dans le sein des familles, dont elles éter-
nisoient les dissensions & les misères ; ces
asyles, qui servoient de rempart au crime,
contre la puissance des Lois? N'a-t-on pas vu
disparoître successivement tous ces petits despotes qui, foibles, inquiets, jaloux, ne pouvoient défendre leurs sujets, se croyoient en
droit de les écraser, & étoient toujours également redoutables & au Souverain & à ses
Peuples? Que voyons-nous à leur place? Ici
la plus parfaite de toutes les Monarchies, un
peuple libre par des lois fixes, un Roi tout-
puissant par elles. Là la plus parfaite des Aris-
tocraties, une République dont les Magistrats
sont autant de Souverains, & dont le Chef
a le premier rang parmi les Princes de l'Europe. Par tout la raison, la justice, l'intérêt

 commun regardés comme la premiere de toutes les lois.

Ne nous bornons pas à l'Europe, parcourons le reste de la Terre ; arrêtons - nous à toutes les époques célèbres que nous présente l'Histoire : il n'en est point qui n'atteste cet Empire de la raison , le seul stable, le seul inaltérable au milieu des révolutions ou lentes ou rapides qui font changer la face des Etats. Rien n'est durable sous le Ciel, que cet ordre, & c'est lui qui, s'avançant sans cesse à travers les débris de tous les ouvrages des hommes, perfectionne ce qu'ils ont élevé de conforme à ses lois, & détruit irrévocablement tout établissement par lequel ils auroient osé les enfreindre.

Je viens de présenter à Madame la Dauphine, le but moral qu'elle se proposera, sans doute , dans la lecture de l'Histoire. Disons - le hardiment, & ne cessons de le répéter ; que sert d'avoir lu des combats, d'avoir gémi sur des ruines, d'avoir vu des Vautours fondre sur leur proie ? Et quand,

parcourant les Etats qui se sont dits policés,
nous aurons recueilli leurs folles opinions,
leurs préjugés, leurs superstitions, quel fruit
tirerons - nous de cet amas de forfaits &
d'erreurs, si tout cela ne nous apprend à connoître le prix de la vérité & de la vertu?
Nous cherchons l'une & l'autre dans le siècle
où nous vivons, & sur la terre où nous por-
tons nos pas; cherchons aussi ce trésor dans les
siècles passés & dans les contrées étrangères.
Lorsque Madame LA DAUPHINE entreprendra
d'étudier l'Histoire, elle se proposera un
immense voyage; mais ce n'est pas assez
d'avoir appris les routes, il faut connoître le
pays & savoir où s'arrêter. Que de déserts où
elle ne verra que des monstres, que de contrées qui pourroient être délicieuses, mais
dont les habitans ont ou erré dans les ténèbres, ou croupi dans l'inaction ! Suivons
la marche de la raison sans nous lasser;
voyons-la défricher successivement toutes les
parties de l'univers; arrêtons-nous avec elle:
quittons bien vîte les pays qu'elle abandonne;
ou, si nous les parcourons un moment, que
ce ne soit que pour gémir sur les calamités

HISTOIRE.

C iv

qui suivent sa retraite ; mais ne nous fixons qu'aux lieux qui jouiront de ses bienfaits. Observons alors son ouvrage, examinons l'ordre qu'elle établit ; il est, il doit être le même dans tous les tems & dans tous les lieux ; & nous ne devons comparer ceux où nous vivons, avec ceux dont nous interrogerons les monuments, qu'après avoir rapproché les uns & les autres de cette règle universelle, que Dieu lui-même a prescrite à toutes les intelligences qu'il a créées.

Je viens d'exposer sous les yeux de Madame LA DAUPHINE, de grandes & importantes vérités ; mais elle est digne de les entendre ; &, si l'on m'objecte que j'adresse ce discours à une Princesse de quinze ans, je n'ai qu'un seul mot à répondre, & je suis justifié. Cette Princesse de quinze ans est la fille de l'IMPÉRATRICE - REINE, & doit être la Mère de nos Maîtres.

§. II.

CARTE générale des Empires dont l'Histoire offre la succession.

J'AI commencé par indiquer à Madame LA DAUPHINE ce qu'elle doit chercher en parcourant l'immense étendue des siécles passés; il me reste à lui montrer la carte qui doit les lui présenter tous successivement : elle est encore l'ouvrage de l'Eternel. C'est lui qui, en donnant l'être aux créatures, a fait naître le tems qui mesure leur durée passagère. C'est lui qui, dans ce vaste intervalle, a disposé les événemens à-peu-près comme il a disposé sur la surface de la terre, les mers, les montagnes, les fleuves & les cités.

La Chronologie est aux faits ce que la Géographie est aux lieux; l'une & l'autre sont nécessaires à quiconque veut étudier l'Histoire : car, comme la place que l'homme occupe dans l'une ou l'autre étendue, soit de durée, soit d'espace, détermine une multitude de relations d'où naissent autant de devoirs, il faut, pour juger sainement d'un fait, non-seulement savoir dans quel tems, mais encore dans quel pays il s'est passé ; &, malheureusement pour l'homme, il est souvent aussi fâcheux pour lui d'être à trois cents lieues qu'à trois cents ans de la raison.

Mais, entre la Chronologie & la Géographie, Madame la Dauphine appercevra une différence essentielle qui semble déterminer nécessairement la méthode de la première, & permettre plus de liberté à celle de l'autre. Si je veux parcourir la terre, le point d'où je partirai semble dépendre uniquement de mon choix : je dois nécessairement aller & venir, & le chemin que je fais, si je veux tout embrasser, m'oblige à des circuits que je ne puis éviter. Il n'en est pas de même de la chaîne des tems, elle ne présente qu'une ligne droite dont le commencement est à une distance immense de nous, & dont le bout est à nos piés. Nous ne pouvons la parcourir qu'en remontant ou en descendant, & de-là il semble résulter qu'il n'y a que

deux méthodes pour apprendre la Chronologie.

L'une ou l'autre seroit à notre choix, s'il n'étoit bien plus facile à notre mémoire de descendre de la cause à l'effet, que de remonter de l'effet à la cause.

Cette dernière méthode est souvent indispensable dans les sciences de raisonnement, où la certitude naît de la combinaison pénible d'une foule de conjectures, qui ont toutes pour base un fait que nous connoissons, & pour objet une vérité cachée que nous cherchons à découvrir.

Mais nous n'avons pas besoin de deviner les événemens dont l'Histoire nous présente la suite ; ils sont consignés dans des monuments certains & rangés dans l'ordre où Dieu les plaça lui-même. Tout est lié, tout se tient dans l'Histoire ; les Monarchies se succèdent ; elles semblent, comme nos corps, porter, dès leur naissance, le germe du mal qui les détruira. Celles qui leur succèdent nous offrent encore quelques-unes des ruines sur lesquelles elles s'établirent ; & l'on reconnoît dans les mœurs d'une Nation les vestiges de son origine. C'est, surtout, cet enchaînement de causes successives qu'il est important de saisir ; & c'est au premier anneau de cette chaîne qu'il faut nous placer pour les parcourir tous. La durée des siècles, &, dans cette durée, la suite & les révolutions des Empires, voilà le plan sur lequel le Bibliothécaire de Madame LA DAUPHINE arrangera ensuite les livres qui pourront lui servir toute sa vie à couvrir cette carte immense de détails intéressants ; elle connoîtra du moins la place destinée à chacun ; & cette place, une fois fixée par des rapports qui n'ont rien d'arbitraire, ne sortira plus de sa mémoire.

Je craignois tout-à-l'heure qu'on ne me reprochât de présenter à Madame la DAUPHINE des vérités peu assorties à son âge ; je craindrai dans un moment qu'on ne me fasse un reproche tout contraire. Je ne vas sans doute lui rappeler que des éléments qu'elle possède. Je crayonnerai une esquisse dont elle a déjà peut-être rempli les principales parties. J'aurois tort si ce plan ne devoit jamais être qu'à l'usage de Madame LA DAUPHINE ; mais elle sera mère quelque jour, & j'ai voulu de plus présenter, sous ses auspices, à toutes les jeunes personnes qui, à son âge, mais beaucoup moins instruites qu'elle, auroient besoin d'être conduites dans l'étude de l'Histoire, une méthode simple & facile de régler leurs lectures, d'en graver le résultat dans leur mémoire, & de rendre fécondes dans leur ame toutes les vérités qu'elles leur auront fournies. Si cet essai leur est utile, elles en auront l'obligation à Madame LA DAUPHINE ; & en le plaçant dans sa bibliothèque, j'aurai eu du moins l'honneur de lui présenter le catalogue d'une partie de ses livres.

Le monde, si l'on en croit les Chronologistes les plus accrédités, dure depuis 5770 ans, & cette durée est, passez-moi ce terme, le lieu de tous les événements, comme l'espace est celui de tous les corps. Une époque bien précieuse pour nous, la partage en deux parties. C'est la naissance de JÉSUS-CHRIST,

HISTOIRE. par qui , & en qui le salut fut donné à tous les hommes, & qui vint au monde l'an 4000 depuis la création. Les Chrétiens, par une erreur trop peu importante pour que l'on ait pris la peine de la réformer, n'ont commencé à compter les années que de la quatrième année de son âge, qui tombe à l'an du monde 4004 , & c'est cette époque que l'on a appelée l'Ere de Jésus-Christ ; car on nomme Ere une manière de compter & de désigner les années, à partir d'un événement connu, qui sert de pivot ou de base à la Chronologie d'une ou de plusieurs Nations.

L'Ere des Chrétiens partage donc l'Histoire en deux parties. J'appellerai Histoire ancienne , celle qui a précédé Jésus-Christ ; Histoire moderne, celle des événements qui ont suivi sa naissance.

I. TABLEAU
DE
L'HISTOIRE
ANCIENNE. Nous ne savons que par l'Ecriture-Sainte ce qui s'est passé dans le monde depuis la création jusqu'au déluge, qui, l'an 1656 de la création, fit périr le genre humain, à l'exception d'un seul Juste & de sa famille,

L'Histoire profane des premiers siècles qui suivirent le déluge, n'est qu'un tissu de fables. Les livres saints ne nous ont transmis que les événements qui conduisent au Peuple de Dieu, & par lui à Jésus-Christ; & Hérodote, le plus ancien des Historiens Grecs, ne composoit son Histoire que dans le tems que Nehemie, qui est le dernier des Écrivains sacrés, finissoit la sienne : ainsi l'Histoire Sainte, dont la certitude est appuyée sur l'autorité de la révélation divine, a, outre cet avantage, celui d'être la plus ancienne de toutes. Elle commence à la création du Monde, & nous conduit jusqu'à la onzième année avant Jésus-Christ.

Après l'Histoire Sainte, la plus ancienne qui soit connue est celle d'Egypte : ce pays fertile & dont les Colonies ont peuplé l'Asie, paroît avoir eu, le premier, des arts & une constitution politique. L'Egypte fut gouvernée par ses Rois jusqu'à la conquête qu'en firent les Perses, &, depuis cette époque, elle a toujours été soumise à des Maîtres étrangers, ainsi que les Prophêtes de Dieu l'avoient annoncé.

HISTOIRE.

Indépendamment de cette Monarchie, on voit, depuis le déluge jusqu'à Jésus-Christ, paroître successivement cinq grands Empires, dont la suite & les différentes révolutions font le corps de l'Histoire ancienne. Celui qui se présente d'abord est la première Monarchie des Assyriens, que quelques auteurs font commencer à Nemrod, & auquel les autres donnent une origine beaucoup moins ancienne, en ne la plaçant que l'an du monde 2682, qui est la centième après la mort de Josué : au reste, si les Écrivains ne s'accordent pas sur la naissance de cet Empire, tous du moins conviennent du tems où il finit.

Premier Empire des Assyriens.

Sardanapale, le dernier de ses Rois, se brûla lui-même dans son Palais, l'an du Monde 3267, 737 ans avant Jésus-Christ, pendant qu'Achaz régnoit sur Juda, & Phacée sur Israël, & 7 ans après la fondation de Rome, ville fameuse, dont Madame LA DAUPHINE verra l'Empire succéder à tous ceux dont je vas lui indiquer la suite.

Second Empire des Assyriens.

Des ruines du premier Empire des Assyriens

riens se formèrent deux Monarchies, fondées par les Gouverneurs des Provinces qui s'é-toient révoltés contre le lâche Sardanapale. Celle des Assyriens de Ninive le fut par Teglatphalasar, celle des Assyriens de Babylone par Belesis.

Ces deux Royaumes furent réunis 65 ans après : Mais l'Empire des Mèdes en étoit déjà démembré, & ces deux puissants États durèrent jusqu'à l'année 3466. Ce fut alors que Cyrus, Roi de Perse, & héritier par sa mère du Royaume des Mèdes, mit fin à celui des Assyriens par la prise de Babylone, & forma de ces trois Monarchies réunies en sa personne, le grand Empire des Perses, le troisième de ceux que nous avons à parcourir.

Les successeurs de Cyrus gouvernèrent la plus grande partie de l'Asie, ainsi que l'Egypte, environ 106 ans : pendant ce tems-là, se formoit en Europe une Puissance qui devoit détruire l'Empire des Perses. La Grèce, fière de sa liberté, & féconde en

N° I.   D

grands Hommes, résista avec succès aux efforts que firent les Rois de Perse pour l'asservir. Les fameuses Républiques d'Athènes, de Lacédémone & de Thèbes immortalisèrent leur gloire & celle de leurs défenseurs : mais cette liberté qu'elles surent maintenir contre les armes de Darius, de Xerxès & de ses successeurs, ne put tenir contre les sourdes attaques d'un Prince Grec, aussi ambitieux que politique. Philippe, Roi de Macédoine, profita des mésintelligences qui, depuis quelque tems, divisoient les Républiques de la Grèce, leur fit la loi lui-même, & son fils Alexandre acheva l'ouvrage qu'il avoit commencé.

Empire des Grecs.

Ce Conquérant célèbre, après avoir soumis les Grecs, sous prétexte de les défendre, eut la folle ambition d'asservir tous les peuples dont on avoit alors quelque idée. Il commença ses conquêtes par la ruine de l'Empire des Perses, dont le dernier Roi, Darius Codoman, fut tué, l'an du monde 3674, & le 330 avant Jésus-Christ. Maître de la Perse, Alexandre voulut conquérir

tout l'Orient ; Babylone fut le tombeau
où tant de prospérités vinrent s'ensevelir.
Alexandre y périt après douze ans de victoires.
Tel est le quatrième Empire que j'ai eu l'honneur d'annoncer à Madame LA DAUPHINE : on
le nomme celui des Grecs, & Alexandre en
est le fondateur.

Ce qu'il a de particulier, c'est que depuis la mort de ce Prince il fut divisé en
quatre parties, qui formèrent autant de
puissants Royaumes, gouvernés par les Généraux Grecs qui avoient suivi le Conquérant
Macédonien. Ces quatre Royaumes furent
celui d'Egypte, celui de Syrie, qui comprit
toutes les Provinces d'Orient, celui de Macédoine, dont la Grece dépendoit, & enfin
celui de Thrace.

Ils finirent tous, les uns après les autres, &
devinrent successivement la proie des Romains, dont la puissance s'étoit prodigieuse-
ment accrue depuis la mort d'Alexandre.
L'Egypte fut le dernier Etat dont ils s'empa-
rèrent. Auguste en fit la conquête l'an du

HISTOIRE.

Empire
Romain.

monde 3974, & 30 ans avant l'Ere vulgaire de Jésus - Christ. Ainsi Rome dont l'Empire est la cinquième des grandes Monarchies qui se succèdent dans l'Histoire ancienne, & dont la grandeur avoit été l'effet & la suite naturelle de l'enthousiasme patriotique qu'elle avoit dans tous les tems inspiré à ses Citoyens, se vit alors maîtresse de presque tout le monde connu. Outre les Etats des successeurs d'Alexandre, elle possédoit, par droit de conquête, les côtes d'Afrique que baigne la Méditerranée, l'Espagne, toute l'Italie, les Gaules, & une partie de la Grande-Bretagne. Mais cette Patrie des Conquérans de l'Univers avoit appris, par sa propre expérience, que le pouvoir des armes, s'il n'est perpétuellement réglé & contenu, écrase, tôt ou tard, la puissance des Lois. César fut la gloire de Rome & le fléau de sa liberté; & les derniers efforts de cette liberté expirante lui coutèrent la vie. Auguste, son fils adoptif, sous prétexte de venger sa mort, acheva d'usurper la souveraine autorité. Il est regardé comme le second des Empereurs; Jésus-Christ vint au monde sous son règne pacifique, l'an 4000 de la création.

Ici commence l'Histoire moderne; elle est celle de la décadence de l'Empire Romain & de l'établissement de toutes les Monarchies qui se sont élevées sur ses ruines. Les Successeurs d'Auguste persécutèrent l'Eglise, qui, malgré les efforts de toutes les puissances du monde, s'étendit, en très-peu de tems, bien au-delà des bornes de l'Empire.

Enfin Constantin le Grand fit cesser les persécutions, & embrassa la foi chrétienne l'an de Jésus-Christ 311. Constantinople qu'il bâtit à l'extrêmité de l'Europe fut appelée une seconde Rome, & devint, par le séjour qu'y firent les Empereurs, la capitale de tout l'Empire.

Depuis Auguste, le gouvernement de ces maîtres du monde étoit absolu, & souvent arbitraire sous les mauvais Princes : mais les bonnes lois subsistoient encore, & sembloient veiller seules au salut de l'Etat.

Sous les successeurs de Constantin, l'Empire se partagea; il étoit attaqué de tous cô-

HISTOIRE.

TABLEAU
DE
L'HISTOIRE
MODERNE.

Partage de
l'Empire.

tés par des peuples que les Romains avoient eux-mêmes instruits à vaincre, & trop vaste pour être suffisamment défendu par un seul Chef; Valentinien prit pour lui Rome & l'Occident, & laissa à son frère Valens, l'Orient & Constantinople.

Théodose le Grand réunit l'un & l'autre Empire; mais ses deux fils Honorius & Arcadius partagèrent de nouveau cette grande Monarchie qui, depuis cette époque, déclina sensiblement vers sa fin : la foiblesse des deux Empereurs, les intrigues, les divisions, le despotisme de leurs ministres [1] apprirent à toutes les Nations que la puissance de Rome n'étoit plus en état de les contenir.

L'Empire d'Occident fut le premier détruit; sous le foible Honorius, l'ambitieux Stilicon, Général de ses armées, appelle les Peuples du Nord & de la Germanie, & bientôt les Gaules, l'Espagne, l'Italie sont inondées de Barbares. Les Gots ravagent les rives du Pô, les Vandales traversent les Gaules,

---

[1] Stilicon en Occident, Rufin & Eutrope en Orient.

s'établissent dans les Provinces méridionales de cette partie de l'Empire ; mais ensuite les Visigots les chassent devant eux , & obtiennent d'Honorius la cession des Pays qu'ils les forcent d'abandonner. Alaric & son fils Ataulfe prenent & pillent Rome, obligent les Vandales de reculer en Espagne jusqu'à la Méditerranée, d'où ils passent ensuite en Afrique appelés par le Comte Boniface. Les Bourguignons s'établissent dans le voisinage du Rhin. Les François poussent tous ces Barbares, & fondent également & sur eux & sur les Romains. Enfin Attila conduit les Huns des Palus Méotides en Europe , & ce fléau de Dieu, à la tête d'une armée innombrable , désole toutes les contrées où il passe.

De ce chaos général sortent deux Monarchies, les premières que l'on voit s'établir sur les débris de l'Empire d'Occident. L'une est celle des Visigots, l'autre celle des François. Je ne dirai rien de celle des Bourguignons qui n'eut qu'un moment ; celle des Erules, en Italie, dura encore moins ; mais son commencement fait époque , puisque ce fut

D iv

HISTOIRE.

Odoacre, Roi de cette Nation, qui, en 476, enleva le sceptre au dernier Prince qui ait porté le titre d'Empereur. On place à cet événement la fin de l'Empire d'Occident; mais, si un Empire n'est détruit que lorsque ses lois sont oubliées ou inutiles, Rome fut la maîtresse des Erules & ensuite des Gots : si l'on place la fin d'une Monarchie au tems où ses Souverains cessent de gouverner, long-tems avant Augustule l'Empire n'étoit plus.

Les Erules furent chassés d'Italie en 490 par Théodoric, Roi des Ostrogots, dont les successeurs régnèrent, & se firent un nom en Europe jusqu'au tems de Justinien.

Royaumes de France, d'Espagne, d'Italie.

Ainsi, depuis le commencement jusque vers la fin du cinquième siècle se formèrent en Europe trois puissantes Monarchies; celle des Visigots en Espagne, & dans la partie des Gaules la plus voisine des Pyrénées, celle des François dans les Gaules, celle des Ostrogots en Italie. Tels furent en Occident les premiers successeurs des Césars.

L'Empire d'Orient subsista beaucoup plus
long-tems. Les Bulgares, les Sarrasins & les
Turcs lui enlevèrent successivement la plus
grande partie de ses Provinces; mais il ne
fut entiérement détruit que l'an de Jésus-
Christ 1453 par Mahomet II, Sultan des
Turcs, qui, ayant pris Constantinople, s'empara de tout ce qui restoit aux Empereurs,
& acheva d'établir sur les ruines de l'Empire
la formidable Monarchie des Ottomans.

Pendant que l'Empire d'Orient lutta contre les Peuples barbares qui l'attaquoient, on
vit se fortifier & s'étendre en Europe les différens Etats qui la partagent aujourd'hui.
Clovis, que l'on compte le cinquième Roi
des François, fut véritablement le fondateur
de la Monarchie. Il joignit la politique à la
force : favorisé par les Evêques, qui, dans ces
tems de désordre, étoient les seuls protec-
teurs des peuples, il reçut des Romains les
premiers principes du Gouvernement, &
conserva tout ce qu'il put de leur administration. Ses armes enlevèrent aux Visigots
la plus grande partie de ce qu'ils possédoient

dans les Gaules, & ses fils unirent à leur Couronne tout ce qui avoit appartenu aux Bourguignons. Ainsi les François se trouvèrent entiérement maîtres des Gaules avant le milieu du sixième siècle.

Grande-
Bretagne.

Lorsque l'Empire Romain fut détruit, il y avoit déjà long-tems que les Peuples de la Grande-Bretagne étoient abandonnés à euxmêmes. Perpétuellement aux prises avec les Pictes & les Ecossois qui habitoient au nord de l'Isle, & ne tirant plus aucun secours des Romains, ils avoient été obligés de se confédérer pour repousser l'ennemi. Vers le mi-

Ann. 448. lieu du cinquième siècle, ils avoient appelé à leur secours les Anglois-Saxons qui, d'auxiliaires, devinrent usurpateurs. Des anciens Bretons, les uns se retirèrent dans cette province des Gaules qui porte encore leur nom, les autres s'établirent & se maintinrent dans la partie orientale de l'isle que l'on nomma Gaule (aujourd'hui pays des Galles), parce que les Saxons qui avoient conquis l'isle, appeloient du nom général de Gaulois, même les peuples de la Grande-Bretagne autrefois sou-

mis aux Romains. Les Chefs Saxons se partagèrent le pays, & il se forma sept Royaumes
que l'on connoît aujourd'hui sous le nom de
l'Eptarchie Angloise, & qui, dans la suite,
ne furent réunis que sous Ecbert le Grand.

Les Ostrogots se soutinrent en Italie, &
les Vandales en Afrique, jusqu'à ce qu'avant
le milieu du sixième siecle & sous le règne
de Justinien, Empereur d'Orient, les victoires de Bélisaire & de Narsès réunirent à
son Empire ces pays si long-tems accoutumés
au Gouvernement Romain. Sous ces Princes
Grecs on pouvoit encore faire des conquêtes, mais il étoit impossible qu'on les conser-
vât. Les femmes, les moines, les Eunuques
troubloient & divisoient l'Empire. Les plus
misérables querelles théologiques devenoient
des affaires d'Etat ; & comment ces malheureux Monarques eussent-ils gouverné un vaste
Empire ? Ils ne pouvoient gouverner ni leur
famille, ni leurs ministres.

L'Italie conquise en 530 sur les Ostrogots,
auxquels pendant ce tems-là les François

avoient enlevé la Provence, devint la proie des Lombards, appelés par Narsès, qui, après avoir vaincu les Perses, les Gots, les Vandales, & rendu les plus grands services à sa Patrie, n'eut pas le courage de souffrir les mépris d'une femme. Alboin, premier Roi des Lombards en Italie, ne fut cependant couronné à Milan qu'après la mort de Narsès. Il fonda en 568 une Monarchie qui ne fut éteinte que par Charlemagne, & qui donna son nom à ces riches pays qui sont situés sur les deux rives du Pô.

Ann. 648.

L'Afrique resta ou parut rester soumise aux Grecs un peu plus de tems; mais, au milieu du septième siècle, les Sarrasins s'en rendent les maîtres. Ces Peuples Arabes avoient de tout tems conservé chez eux les arts, les sciences & une police qui tôt ou tard devoit leur assujétir leurs voisins. En 622 l'imposteur Mahomet, chassé de la Mecque par ses concitoyens, commence à prêcher ses dogmes absurdes, & ramasse autour de lui des guerriers enthousiastes & fanatiques. Cette fuite du faux prophête, événe-

ment moins important que ses victoires,
doit être cependant remarquée ; car elle est
l'époque d'où les Mahométans ont commencé
à compter les années, & qu'ils nomment
Egyre. En neuf ans toute l'Arabie est soumise, & l'on voit commencer l'Empire des
Califes qui, peu de tems après, pénétrent
dans les Provinces de l'Empire Grec, s'em-
parent de la Syrie & de la Palestine, se
rendent maîtres de la Sainte-Cité, font la
conquête entière de la Perse, soumettent
l'isle de Chypre, & finissent par enlever aux
Grecs l'Afrique, d'où ils menacent l'Europe.
Cinquante ans après & au commencement
du huitième siècle, vous les voyez entrer en
Espagne, où les appellent le crime d'un Roi
& le ressentiment d'un sujet. Cette belle
partie de l'Europe va pendant plusieurs siècles être également dévastée par deux Nations qui s'en disputent chaque Province.
Leurs guerres perpétuelles élèvent le courage
de l'un & de l'autre Peuple, mais bannissent
peu-à-peu les sciences & les arts, & substi-
tuent l'enthousiasme romanesque à la raison
& à l'humanité.

Monarchie
des Maures
en Espagne.

La France eut à Charlemagne l'obligation de voir les Sarrasins vaincus & repous-
sés. Les talents & l'activité de ce Prince
furent une digue qui empêcha ce torrent
d'inonder l'Europe. Charles fut peut-être
le premier grand Roi que la France ait
eu ; mais il fut le dernier grand homme de
sa race, qui en avoit déjà produit plusieurs
avant que d'être placée sur le trône. Ces
Maires du Palais, descendus du vieux Pepin,
avoient été le salut de la France. Le sang de
Clovis avoit cessé de régner, car la puissance
des Mérovingiens depuis long-tems n'avoit
plus ni règle, ni mesure. Assez mal-adroits
pour n'être que les despotes d'un pays dont
ils étoient les légitimes Souverains, ils laissèrent tomber le sceptre de leurs mains : Charles Martel le ramassa ; Pepin, en dégradant
le Monarque, fit respecter la Monarchie :
Charlemagne, son fils, en étendit les bornes. Conquérant rapide, il dompte la Germanie, il achève de détruire la Puissance des
Lombards, & se met leur couronne sur la
tête. Il soumet le reste de l'Italie, confirme
au Pape les donations que Pepin avoit faites,

mais ne lui transmet la souveraineté ni de
Rome, ni de l'Exarquat de Ravenne. Sous ces
Princes, le Pontife ne fut que le premier Ma-
gistrat de l'Italie, ce qu'étoient en France
les Ducs & les Comtes : Charles en fut le
seul véritable Monarque, & couronné Empereur d'Occident en 801, reçut sous ce
titre le serment de fidélité des Romains.

Si le nouvel Empereur ne possédoit pas
tous les Etats qui avoient autrefois été soumis à la Monarchie Romaine, ses propres
conquêtes lui assujétirent de vastes contrées,
où les Romains n'avoient jamais porté les
armes.

Indépendamment de l'Italie & de la France, la plupart des Provinces qui sont aujourd'hui comprises sous le nom général d'Allemagne, obéissoient à Charlemagne, & ce
fut sous ce Prince que les bords du Danube
qu'il subjugua commencèrent à porter le nom
d'Oostrich ou Autriche, qui signifie Pays
Oriental. Charlemagne fut le plus grand
Prince & le Monarque le plus puissant de

son siècle. C'est à son règne qu'il faut se placer pour connoître l'origine & les principes de la plupart des Gouvernements de l'Europe.

Mais son Empire étoit trop vaste, & ses descendants furent trop foibles : l'héritier d'un conquérant doit être encore plus grand homme que lui ; car, pour gouverner de vastes Etats, il faut plus de talents que pour assujétir un grand nombre de Provinces. Tout déclina sous Louis le Débonnaire. Charles avoit fait une faute, il avoit laissé subsister le pouvoir des armes uni à celui de la Magistrature : les dépositaires de l'autorité s'accoutumèrent à en abuser, & le firent impunément. Peu-à-peu ces Magistrats armés usurpèrent l'indépendance, perpétuèrent le pouvoir dans leurs familles ; & sur la fin de la seconde race, le Roi en France, l'Empereur en Allemagne n'avoient conservé que le titre, mais avoient perdu l'exercice de la plupart des droits dont les Mérovingiens avoient si cruellement abusé, mais dont Pepin & Charlemagne avoient si bien connu

la

la force, parce qu'en même tems ils en avoient connu la règle. Six ou sept descendants de Charlemagne, dont quatre furent héritiers de son sceptre, portèrent successivement le titre d'Empereur ; mais, tandis que la Couronne de France flottoit incertaine & chancelante sur la tête des derniers rejetons de cette Race illustre, l'Empire devint électif & passa aux Germains. La maison de Saxe, dont étoient les trois Othons, soutint dignement en Allemagne l'honneur de ce titre ; mais ne put conserver dans toute sa force le pouvoir monarchique qui y étoit attaché. Elle laissa usurper aux Papes la souveraineté de Rome, dans le même tems & par la même raison que les derniers successeurs de Charlemagne laissèrent les Ducs & les Comtes se rendre presque indépendants de leur autorité. La même foiblesse a produit & la souveraineté des Papes en Italie, & celle des Grands Vassaux en France & en Allemagne.

On voit donc alors changer le Gouvernement de tous les États qui avoient autrefois obéi à Charlemagne. Partout la souveraineté

HISTOIRE.

N° I.   E

est affoiblie, méconnue; son sort dépend désormais des grands talents & de la sage politique de ceux qui porteront la Couronne. Des débris de la puissance publique dont les Ducs & les Comtes avoient été revêtus, mais dont ils n'étoient originairement que dépositaires, se formèrent toutes ces Seigneuries qui sont devenues autant d'États séparés en Allemagne & en Italie; mais que vous verrez peu-à-peu se réunir en France à la Couronne, dont, pour le bonheur des peuples, le pouvoir a toujours été regardé comme inaliénable.

La postérité de Charlemagne avoit déja perdu le sceptre des Césars; elle perdit encore la couronne de Clovis; & en 987 Hugues-Capet fut placé sur le trône par des vassaux puissants dont il fut obligé de ménager les prétentions. Chose étrange! ses Successeurs, ou ignorant, ou ne pouvant soutenir les droits de leur Couronne, parurent la regarder eux-mêmes comme un grand fief. Ils parloient en maîtres, mais dans leurs domaines, & n'osoient parler en Souverains à

des vassaux, qui, armés comme eux, met-
toient eux - mêmes des conditions à leur
obéissance.

Depuis cette époque jusqu'au règne de
Louis XIII, l'Histoire de France & d'Allemagne présente les progrès lents & successifs,
ici de l'autorité des Rois, qui, peu-à-peu,
rentre dans tous ses droits; là, du pouvoir
des grands Vassaux, qui, peu-à-peu, restrei-
gnent & circonscrivent celui d'un Prince,
qui, originairement, fut leur véritable Monarque: & ce que l'on doit remarquer comme
singulier, ce fut la même main qui en France
porta les derniers coups à la Seigneurie des
Vassaux, & qui en Allemagne acquit le dernier
dégré de force à leur indépendance. Déjà
nos Rois n'avoient plus que des sujets, lorsqu'il fut décidé par les Traités de Westphalie,
que c'étoit à l'Empire qu'appartenoit la véritable souveraineté d'Allemagne.

Deux causes différentes préparèrent, pendant plusieurs siécles, des effets aussi contraires.
Les Empereurs, aussi - bien que les Rois de

France, avoient conservé deux ressorts puissants, qui, toutes choses égales, eussent, à la longue, rendu à la souveraineté toute son activité : l'une étoit l'hommage qui imposoit au Vassal l'obligation d'être fidèle ; l'autre étoit le ressort qui donnoit au Souverain le droit de juger, dans sa Cour, le Vassal injuste ou rebelle. Mais ces deux ressorts avoient besoin d'être habilement maniés par une Maison dont le plan fût invariable & l'intérêt toujours le même. Or nos Rois seuls ont eu cet avantage. En France la succession au Trône avoit toujours été réglée par les Lois qui décidoient de l'hérédité entre particuliers. De-là l'application de la loi Salique, qui ne parloit que des terres. De-là le partage des États sous les deux premières Races. Sous la troisième, & lorsqu'il eut passé en maxime que les fiefs étoient héréditaires & impartageables, la Couronne, que l'on prit pour un grand fief masculin, mouvant de Dieu seul, fut elle-même regardée comme ayant à plus forte raison, & essentiellement les mêmes prérogatives. Rien de plus constant, rien de plus certain depuis Hugues-Capet, que la

Loi qui appelle au Trône l'aîné des mâles dans
la descendance mâle. Cette Maison unique,
& qui, pour le bonheur de la France, doit
être indéfectible, ne perdit jamais de vue son
objet, qui étoit de réunir, comme autant de
débris du pouvoir de Charlemagne, tous ces
grands fiefs qui n'étoient que des démembre-
mens de sa Couronne. Tout se rapporta à ce
but; guerres, alliances, négociations, ma-
riages, traités de paix.

Les Empereurs, qui, peut-être, eussent
eu les mêmes droits, n'eurent jamais ni les
mêmes moyens, ni peut-être le même intérêt:
leur titre fut regardé comme électif, & il n'y
eut d'héréditaire que les domaines de chaque
famille ; en sorte que l'intérêt des Maisons
regnantes qui vouloient conserver le pouvoir
attaché à leurs fiefs, se trouva toujours opposé
à celui de la Souveraineté, qui eût été de
réunir les fiefs à la Couronne.

Cette seule différence a causé en France,
en Allemagne & en Italie, celle des Gouver-
nemens ; mais, dans tous ces États, qui ont

 aujourd'hui chacun leur constitution particulière, les véritables successeurs de Charlemagne, sont les deux Monarques auxquels
Madame la Dauphine tient par les liens les
plus sacrés ; c'est la loi seule qui leur a transmis & conservé la souveraineté & les droits
de ce Prince. Au lieu que presque tous les autres
Souverains d'Allemagne & d'Italie, quelque
respectable que soit aujourd'hui leur puissance,
se sont originairement enrichis des débris de
son autorité : & , depuis cette administration
suprême qui appartient aux grands feudatai-
res de l'Empire, jusqu'aux droits de justice
qui caractérisent en France nos Seigneuries ,
toute puissance publique n'est qu'une émana-
tion, des attributs de sa Couronne que ses
Descendants laissèrent aliéner.

Ces réflexions, auxquelles on me repro-
chera peut-être de m'être un peu trop livré,
ne sont point étrangères à mon plan ; car,
en lisant l'Histoire, il faut pouvoir juger les
événements ; & , ce que je viens de dire ,
est la clef de tout ce qui s'est passé en Europe
pendant six siècles : quiconque ne connoîtra

pas les droits de Charlemagne, quiconque ▬▬▬
n'aura pas réfléchi sur les révolutions qu'es- Histoire.
suya le pouvoir souverain sous ses successeurs,
ne pourra ni juger des droits, ni apprécier les
prétentions des Princes qui vinrent après lui.
Revenons à notre Carte générale.

Les Royaumes du Nord, ceux d'Espagne
& d'Angleterre, ainsi que celui de Naples,
n'avoient point fait partie de l'Empire de
Charlemagne ; il faut rappeler à Madame
la Dauphine leur origine ; & il est bon de
l'avertir que, pour mieux placer dans sa mémoire soit le commencement, soit les différentes révolutions de ces Monarchies, elle
doit toujours les placer vis-à-vis de quelque
événement contemporain, pris dans les deux
histoires qui lui seront le plus familières,
celle de France & celle d'Allemagne, dont
je compte lui indiquer successivement les
principales époques.

Ce n'est que depuis Charlemagne que l'on
commence à appercevoir les foibles lueurs
qui éclairent le berceau de l'Histoire du Nord.

HISTOIRE.

Royaumes
de
Danemark
& de Suède.

Les victoires de ce Prince l'approchèrent beaucoup de ces pays qui étoient encore alors à demi sauvages. Il envoya des Missionnaires en Suède au commencement du neuvième siècle. Là regnoit un Prince que les Historiens nomment Biorn III, & depuis lequel on compte une longue suite de Rois. Les Danois avoient aussi des Chefs auxquels, faute d'autre titre, on a également donné le nom de Rois ; & l'on voit l'un d'eux, nommé Sigefroy, envoyer des Ambassadeurs au vainqueur des Saxons & rechercher son amitié. Mais ce n'est qu'en 930 que l'on y voit commencer avec Hérold IV, une suite de Princes Chrétiens. Jusque là on ne connoissoit ces peuples que par ces terribles émigrations qui désolèrent si long-tems l'Europe. Ceux de nos Écrivains qui ont voulu remonter plus haut, ou même nous instruire des révolutions qui chassoient de leur pays toutes ces armées de barbares, n'ont imaginé que des fables.

En 828, & pendant que Louis le Debonnaire régnoit en France, Ecbert réunit le

sept Royaumes qui composoient l'Eptarchie
Angloise; &, depuis cette époque, l'Angleterre ne présente plus qu'une Monarchie,
mais long-tems déchirée par les Anglois &
les Danois, qui se la disputent. Les Danois
ont enfin l'avantage : ces peuples, que l'on
nommoit aussi Normands, s'étoient fait céder
par Charles le Simple, une belle Province
de France, à laquelle ils avoient donné leur
nom. Le Duc de Normandie, Guillaume le
Conquérant, vassal de nos Rois, se prétend
appelé au trône d'Angleterre après la mort
d'Edouard le Confesseur, & soutient ses prétentions par des victoires. A cette époque [1],
l'Histoire de la grande Bretagne commence
à devenir intéressante par ses relations avec
celle de France.

L'Écosse faisoit dès-lors, & a formé long-
tems un État séparé de l'Angleterre; & on
fait remonter la suite de ses Rois jusqu'au
tems de Charlemagne. Madame LA DAUPHINE
ne se perdra point dans ces antiquités; la

HISTOIRE.

Rois Nor-
mands en
Angleterre.

---

[1] L'an 1086, & pendant que régnoit en France Philippe I,
petit-fils de Hugues-Capet.

plupart sont fabuleuses, & la vérité même n'offriroit que des détails peu intéressants. J'en dirai autant de l'Irlande, & j'aurai soin d'indiquer dans la suite le moment où ces peuples méritent d'arrêter nos regards.

Lorsqu'au commencement du VIIIe Siècle les Maures s'étoient rendus maîtres de l'Espagne, un Prince de la race des Gots, nommé Pélage, s'étoit sauvé dans les montagnes des Asturies. Autour de lui s'étoient rassemblés tous ceux qui, fidèles au sang de leurs légitimes Souverains, avoient préféré la pauvreté à l'infamie. Ce petit Etat se soutint par le courage & la constance, malgré les fréquentes attaques & les efforts opiniâtres des Sarrasins. Deux causes, il est vrai, contribuèrent à son accroissement : d'un côté les divisions des Sarrasins, dont les Emirs avoient partagé l'Espagne entr'eux, & formé autant d'Etats séparés qu'elle contenoit de Provinces ; d'un autre côté l'intérêt que les autres Souverains avoient à soutenir ces restes de la puissance des Gots. Charles Martel, Pepin & Charlemagne conservèrent ce germe pré-

cieux d'une Puissance qui, s'étendant peu-à-
peu, lutta pendant plusieurs siècles contre
les armes des Infidèles ; & sans la France,
l'Espagne seroit peut-être aujourd'hui cou-
verte de Mosquées. Alphonse le Chaste, l'un
des successeurs de Pélage, dut tout au secours de Charlemagne, & joignit aux Asturies le Royaume de Léon ; peu après, les
Navarois se donnèrent un Roi ; &, dans la
suite, à mesure que la puissance des Sarrasins
diminua, leurs Etats passant successivement
aux Chrétiens, on vit se former les Royaumes d'Arragon, de Castille & de Portugal.
Leur Histoire jusqu'au XVe Siècle ne présente
qu'une alternative de succès guerriers tantôt
des Maures contre les Chrétiens, tantôt des
Chrétiens contre les Maures. Les Ecrivains
qui nous ont conservé le récit de toutes ces
guerres l'ont peut-être embelli par des fic-
tions, mais on ne peut nier que l'une &
l'autre Nation n'ait donné pendant plusieurs
siècles des exemples héroïques de bravoure
& de générosité, sans lesquels le récit mono-
tone des combats, des sièges & des victoires
deviendroit à la longue très-fastidieux. Enfin

vers le milieu du XVe Siècle, & pendant que Louis XII régnoit en France, Ferdinand, Roi d'Arragon, & sa femme Isabelle, Reine de Castille, après avoir réuni sur leurs têtes toutes les Monarchies Espagnoles, à l'exception du Portugal, achevent de chasser les Maures, & ne forment plus qu'un seul Royaume de tous ces Etats si long-tems séparés.

Tel est le précis de l'Histoire d'Espagne jusqu'à Charles V. C'est à cette époque qu'elle deviendra vraiment intéressante pour Madame LA DAUPHINE, à qui elle ne présentera plus que l'Histoire de sa propre Maison.

On prétend que les Russes & les Bohémiens embrassèrent la Foi Chrétienne sur la fin du IXe Siecle ; mais, dans cette haute antiquité, si l'on commence à connoître leur Histoire, du moins ne présente-t-elle que peu de faits certains. Malgré leur Christianisme, les Russes ont été barbares pendant plusieurs siecles :

Rois de Bohême. les Bohémiens, dès le XIIe Siecle, avoient des Rois ; mais ce n'est que dans le XIIIe

qu'ils commencent à figurer avec les autres Souverains. C'est alors que Madame LA DAUPHINE verra Ottocare enlever l'Autriche à la premiere Maison dont cette Province ait été le patrimoine ; Rodolphe de Hapsbourg dépouiller l'usurpateur, & investir de ce Duché son fils Albert, qui ayant épousé l'héritiere des anciens Ducs d'Autriche, fut la tige de cette Maison auguste placée elle-même dans la suite sur le Trône d'Ottocare.

La Hongrie & la Pologne ne mériteront l'attention de Madame LA DAUPHINE que dans le onziéme siecle. Les Polonois avoient été long-tems gouvernés par des Ducs. En 999 l'Empereur Othon III alla à Gnêne visiter le tombeau de S. Adelbert. Boleslas reçut de lui le titre de Roi & les ornemens Royaux. Un an après, les Hongrois qui, venus de la Grande Tartarie, s'étoient établis vers l'an 900 dans la Pannonie, embrassèrent la Foi Chrétienne, & le Pape Sylvestre II mit lui-même sur la tête d'Etienne, leur premier Roi, la couronne, qui après 526 ans est passée dans la Maison d'Autriche après la mort de Louis, Roi de Bohême & de Hongrie, dont la sœur Anne Jagellon avoit épousé Ferdinand I, frere de Charles-Quint.

Ainsi avant le XIIe Siecle s'étoient déjà formées en Europe la plupart des Monarchies que nous y voyons encore subsister avec éclat.

Sur la fin du XIe Siecle, les Chrétiens d'Europe portèrent leurs armes en Asie, & y fondèrent des Etats qui eurent plus de célébrité que de durée. Un Hermite, nommé Pierre, dont l'imagination étoit ardente & l'éloquence rapide peignit avec enthousiasme les malheurs auxquels étoient exposés les Chrétiens d'Orient : aussi-tôt tous les Peuples s'enflamment, & des armées de pieux guerriers se proposent de délivrer la Terre-Sainte du joug des Sarrasins. Telle fut pendant plus de 200 ans la dévotion de toute l'Europe. De-là ces guerres fameuses que l'on appelle Croisades, parce que tous les guerriers qui passoient en Orient se faisoient attacher une Croix sur l'épaule.

La premiere fut prêchée en France au
Concile de Clermont par le Pape Urbain II
en 1092, & depuis ce tems ce fut à qui
meneroit des Troupes en Asie ; presque tous
les Princes de l'Europe se croisèrent, & ce
zèle pour les expéditions d'Outre-Mer dura
jusqu'à la fin du XIIIe Siècle ; mais la dernière
Croisade contre les Infidéles fut celle qui
coûta la vie à S. Louis en 1269. Depuis ce
tems-là les Papes exhortèrent inutilement les
Princes ; cette dévotion, qui avoit tant coûté
d'hommes à l'Europe étoit passée ; en 1329
Jean XXII tenta de la réveiller. Mais Philippe
de Valois s'en tint à de simples projets qui
furent bien-tôt regardés comme chimériques.

Les Papes & les Rois de France ont également profité de cet enthousiasme des Peuples. Les premiers se regardoient comme les
Chefs de ces Armées qui croyoient marcher
au martyre, & à la tête desquelles on voyoit
les Légats du S. Siège. Les autres se délivroient
par-là de Vassaux puissants, qui, pendant ces
guerres lointaines, ne pouvoient se liguer
contr'eux.

Ces Croisades, au reste, donnèrent naissance à plusieurs petits Etats que l'on voit pendant ces deux siècles se former & se détruire en Orient.

En 1099 Godefroy de Bouillon, Chef de la premiere Croisade, devient Roi de Jérusalem; mais cette petite Monarchie toujours attaquée, toujours en danger, & ne pouvant se soutenir que par des secours qu'il falloit appeler d'Europe, ne pouvoit être de longue durée. Au boût de 88 ans elle fut détruite par Saladin, Sultan d'Egypte & de Syrie, qui reprit Jérusalem sur le vieux Lusignan, son dernier Roi.

Ainsi disparurent aussi ces Duchés & ces Comtés que les principaux chefs des Croisés avoient établis en Syrie & en Palestine. Les noms de ces petites Souverainetés furent longtems en Europe des titres honorables qui rappeloient la vaillance de ceux qui les avoient mérités. Le pouvoir qu'ils annonçoient n'eut qu'un moment.

La

La quatrième Croisade, à la tête de laquelle étoient Boniface de Montférat, Baudouin, Comte de Flandre, & Eudes, Duc de Bourgogne, eut ceci de particulier, que les Guerriers qui l'avoient entreprise, & qui étoient partis de bonne foi pour aller secourir la Terre-Sainte, chemin faisant, conquirent l'Empire Grec, & ne pensèrent plus à la Palestine. Maîtres de Constantinople en 1204, les Croisés élurent pour Empereur Baudouin, dont les successeurs regnèrent environ 58 ans. Cet Empire qui dura moins encore que le Royaume de Jérusalem, s'appela l'Empire des Latins en Orient, & finit en 1260, par la révolte des Grecs, qui, mécontens de Baudouin II, élurent Michel Paléologue, & avec lui & les Genois, reprirent Constantinople.

Ce fut lors de la révolution qui plaça Baudouin I. sur le Trône des Comnènes, qu'un des Princes de cette Maison, s'étant retiré avec quelques Troupes fugitives vers la Colchide, fonda, entre la mer & le mont Caucase, un petit État auquel il donna le

HISTOIRE.

Empire
des Latins
à Constan-
tinople.

N° I.   F

nom d'Empire de Trébisonde. Ce fut là au moins l'asyle d'une Maison illustre, dont les descendants vêcurent indépendants jusqu'au tems où les Turcs, maîtres de Constantinople, enlevèrent irrévocablement aux Princes Grecs, & leur titre & leur pouvoir.

Au milieu du siècle des Croisades, tems fécond en aventures guerrières, & dans lequel le métier des armes sembloit conduire à la gloire & à la fortune, il s'étoit formé en Italie une nouvelle Monarchie qui avoit été uniquement le prix de la valeur : je veux parler du Royaume de Naples & de Sicile. Ces riches contrées étoient encore au commencement du XIe siécle, regardées comme faisant partie de l'Empire Grec ; mais dans le fait, les petits Princes qui habitoient ce pays, devenus presque indépendants de leurs foibles Souverains, luttoient avec désavantage contre les Sarrasins, qui, maîtres de l'Afrique & de l'Espagne, venoient de s'emparer de la Sicile, & vouloient joindre à cette conquête l'extrêmité de l'Italie. Quarante Gentils-Hommes Normands, reve-

nant de la Terre - Sainte , arrivent devant
Salerne, au moment où ces Infidéles en commencent le siège : leur courage délivre cette
Place, & donne aux Grecs le tems de respirer. On leur offre des établissements, ils les
refusent, & retournent dans leur Patrie. La
gloire de leur succès excite l'émulation &
réveille l'ambition de plusieurs Guerriers,
Tancrède de Hauteville , père de douze
enfants, passe avec eux en Italie. Cette famille chasse les Sarrasins, soumet les Grecs,
& partage les Provinces que ceux-ci ne peuvent plus défendre. Roger I. fait la conquête
de la Sicile, & prend en 1129 le titre de
Roi, qui lui est confirmé dix ans après par le
Pape son prisonnier. Son fils, Roger II. réunit
les deux Siciles ; mais cette nombreuse famille de héros , avant la fin même de ce
siècle , n'avoit plus qu'une fille, qui, en
épousant l'Empereur Henri VI, porta dans
la maison de Suabe ses droits sur la Sicile,
inutilement réclamés par le fils de Tancrède,
bâtard de Roger II.

Après la mort sanglante du malheureux

 Conradin, dernier mâle de cette Maison de Suabe, si long-tems persécutée par les Papes, la France donna sept Rois à Naples & à la Sicile; mais la maison d'Arragon, héritière de celle de Suabe par les femmes, soutint, dans tous les tems, ses prétentions à ce trône & sçut les faire valoir avec succès dès qu'elle en trouva l'occasion. Ce fut des Rois d'Arragon que Charles-Quint reçut cette couronne, que ses descendants ont portée après lui, jusqu'au moment où des Traités nécessaires à la paix de l'Europe, l'ont fait sortir de sa Maison.

1139. La même année que Roger se faisoit reconnoître pour Roi de Sicile, Alphonse Henriquez prenoit le titre de Roi de Portugal, & croyoit n'avoir besoin pour cela que de sa valeur & des acclamations de son armée. Petit-Fils d'Alphonse VI, Roi de Castille, & gouvernant l'ancienne Lusitanie sous le nom de Comte, qui, dans ce siècle de l'administration féodale, annonçoit un pouvoir presque indépendant, il ne crut rien usurper en mettant sur sa tête, au moment d'une bataille, une cou-

Royaume de Portugal.

ronne qu'il honora sur le champ par une grande & importante victoire. Les cinq écussons que les Rois de Portugal ont encore dans leurs armes, sont les étendarts des cinq Rois Maures qui furent tous tués dans la bataille d'Urique.

C'est dans ce siècle des Croisades que l'Histoire de Vénise commence à se trouver mêlée avec les autres Histoires de l'Europe. Jusque-là cette République étoit isolée, & n'excitoit l'intérêt que par le spectacle de sa liberté, conservée au milieu des troubles & des désordres qui environnèrent son berceau.

Son antiquité remonte aussi haut que notre Monarchie. Les Vénitiens, poussés par les armes d'Attila, se cantonnent sur les bords du Golphe Adriatique, &, lorsque l'Empire est anéanti en Italie, ne subissent point, comme les autres peuples, le joug des Barbares. Soumis, en apparence, aux Empereurs d'Orient, qui étoient trop éloignés & trop foibles pour les secourir ou les maîtriser, ils commencent à se gouverner par leurs Lois, & à se défendre par leurs propres forces : ils se créent des Ducs ; & , lorsque Pepin, père de Charlemagne, passe en Italie, il respecte leur liberté. Enfin en 8 1 0, deux palais bâtis dans deux petites Isles du Golfe, l'un pour le Duc & l'autre pour l'Evêque, donnèrent naissance à cette Ville fameuse, qui, au bout de deux siècles, extrêmement enrichie par le commerce, se vit en état de vendre à tous les Princes de l'Europe, les secours de sa marine. Sur la fin du siècle des Croisades, les Genois commencerent à être ses rivaux.

Ainsi, sous le règne de Saint Louis, qui doit faire époque dans notre Histoire, & qui finit en l'année 1 2 7 0, on voit l'Europe partagée à-peu-près entre les mêmes grands États qui subsistent aujourd'hui ; & il faut convenir, que celui de tous, qui, malgré la foiblesse du Gouvernement féodal, avoit alors le plus de considération en Europe, étoit la France. Du tems de ce Prince, les malheurs de la maison de Suabe, victime de ses imprudences, des erreurs & des préjugés de son siècle, achevèrent d'affoiblir l'autorité des Empe-reurs, & celle-ci n'avoit déja plus en Italie que des titres & des respects ; l'interrègne qui suivit en Allemagne la mort de Conrad, & pendant lequel tant de Princes se disputèrent la Couronne Impériale, acheva d'assurer aux Seigneurs Allemands des droits que nos Rois travailloient alors plus efficacement que jamais à borner dans les Seigneuries Françoises.

Rodolphe de Hapsbourg, qui monta sur le Trône de l'Empire en 1273, & trois ans après la mort de Saint Louis, sçut maintenir son pouvoir par ses qualités personnelles, & fit respecter la dignité Impériale ; mais il ne put rétablir l'autorité monarchique, & il fut même obligé de renoncer à la souveraineté sur plusieurs villes d'Italie, qui, déja presque indépendantes dans le fait, payèrent de grosses sommes pour acquérir le titre de la Souveraineté : sans cela elles eussent été en Italie ce que sont en Allemagne ces Villes qui, n'ayant jamais subi le joug intermédiaire des grands Vassaux, sont encore nommées

HISTOIRE.
Villes
Impériales.

Villes Impériales, parce qu'elles n'ont d'autre Souverain que l'Empereur, & Villes libres, parce que, sous sa protection immédiate, elles jouissent d'une administration réglée par des Lois fixes.

C'est à partir du règne de Rodolphe, que Madame LA DAUPHINE verra peu-à-peu s'affermir l'administration Germanique, jusqu'à ce qu'en 1356, Charles IV, en publiant la Bulle d'Or, qui est actuellement la Loi permanente de l'Empire, assura aux Electeurs les droits dont ils jouissent, & donna à l'élection de l'Empereur la forme qu'elle a conservée jusqu'à présent.

République
des Suisses.

En 1305, Albert, fils de Rodolphe, vit enlever à sa Maison, une partie des Pays que possèdent aujourd'hui les Suisses. Trois Cantons se confédérèrent pour se soustraire à la tyrannie d'un Gouverneur qui abusoit de son pouvoir. Le courage, la liberté, la pauvreté donnèrent naissance au Corps Helvétique qui s'est accru jusqu'en 1513, & est aujourd'hui composé de Treize Cantons.

Sur la fin de ce même siècle l'histoire des Royaumes du Nord mérite un redoublement d'attention. Ce fut alors que cette célèbre Marguerite de Valdemar, que l'on nomma, avec raison, la Sémiramis du Nord, réunit sur sa tête les Couronnes de Suéde, de Dannemarck & de Norvège. Sans confondre l'administration de ces États, elle crut ne faire de tous trois qu'un seul corps politique soumis au même Souverain : mais le Traité de Colmar, qui scella cette union en 1395, ne put la rendre durable, & fut la source des guerres qui, pendant plus d'un siècle, divisèrent la Suéde & le Dannemarck.

Cette époque du Traité de Colmar, si glorieuse pour Marguerite, correspond avec l'un des plus funestes événements de notre Histoire, la maladie de Charles VI, & les troubles cruels qui la suivirent. Ce siècle ne fut nullement heureux pour la France. Dès 1336 avoit commencé entre Philippe de Valois & Edouard III, cette guerre qui dura plus de 100 ans, & dans laquelle les succès de l'Angleterre, secondés par les querelles

HISTOIRE.

Union des trois Couronnes du Nord.

intestines de la France, semblèrent placer un moment un Souverain étranger sur le Trône de S. Louis. Mais, pendant que Charles VII s'occupoit à recouvrer les Provinces qui lui avoient été enlevées, les Anglois éprouvèrent, à leur tour, les maux qu'enfante la discorde. Au milieu du XVe siècle commencèrent ces querelles funestes de la Rose rouge & de la Rose blanche, qui désolèrent leur Isle jusqu'au règne de Henri VII, & pendant lesquelles tous les Princes du Sang & tous les Grands de ce Royaume répandirent leur sang ou dans des combats, ou sur les échafauts.

En 1485.

Dans le tems que ces scènes tragiques occupoient l'Angleterre, & laissoient respirer la France, un nouvel Empire se formoit à l'extrêmité de l'Europe. Mahomet II, Sultan des Turcs, venoit de porter les derniers coups à la Monarchie des Grecs, à laquelle, depuis long-tems, il ne restoit plus que Constantinople.

Cette Capitale de l'Empire d'Orient fut prise en 1453, & les Savants qui en sortirent se réfugièrent en Italie. Telle fut l'époque & la cause du renouvellement des Lettres en Occident. Sous Charles VIII & sous Louis XII, le seul avantage que la France tira des guerres d'Italie, fut de s'enrichir des arts & des connoissances que les Grecs y apportèrent.

Toutes ces richesses furent accueillies & mises en valeur sous François I.

Mais les troubles de Religion qui devinrent, soit en France, soit en Allemagne, le prétexte des guerres les plus sanglantes, suspendirent les progrès des connoissances utiles. Au commencement du XVIe siècle, on abusa des lumières qui s'étoient répandues ; &, au lieu de réformer quelques superstitions, on attaqua ouvertement & les dogmes & le culte de l'Eglise. Luther, prédicateur de la licence, souleva les peuples contre l'autorité. Ce mouvement des esprits causa de grands maux en Allemagne & en France. En Allemagne Charles-Quint saisit ce prétexte pour accroître sa puissance. Les États de l'Empire craignirent l'oppression, se mirent en garde

& voulurent augmenter leurs droits. Les guerres s'allumèrent ; la politique de part & d'autre cacha ses vues, & les peuples furent malheureux.

En France ce même esprit de révolte & d'indépendance ayant une fois trouvé entrée dans les esprits, enflamma toutes les imaginations, & l'imprudent gouvernement de Catherine de Médicis, acheva de tout gâter.

Cette portion de l'Histoire de l'Europe mérite d'être étudiée avec soin : elle commence avec les règnes de Charles-Quint & de François I en 1515, & finit aux Traités de Westphalie en 1648.

Pendant ce tems-là on voit en Angleterre le schisme sous Henri VIII, & le changement de Religion sous son Successeur, suivi insensiblement du changement de la constitution, & de la décadence du pouvoir monarchique.

On y voit, au commencement du XVIIe siècle, la réunion des trois Royaumes qui composent aujourd'hui la Monarchie de la Grande - Bretagne. L'Irlande, qui, depuis Henri II, étoit traitée par les Anglois comme un pays de conquête, s'étoit volontairement soumise en 1541. En 1603, Jacques VI, Roi d'Écosse, héritier d'Elisabeth, réunit sur sa tête ces trois Couronnes, qui depuis n'ont point été séparées.

On voit en France le Trône ébranlé par les factions des Grands & la maladresse des Rois. Henri IV conquérir & réparer ; & Richelieu, sous Louis XIII, avoir recours au despotisme, pour écraser la licence plus redoutable que lui.

En Allemagne & en Espagne, on voit les deux branches de la maison d'Autriche, unies d'intérêt, exciter les craintes & la jalousie du reste de l'Europe. Le nouveau Monde leur est soumis ; mais, dans l'ancien, tout se réunit pour ruiner ou démembrer leur puissance. Les Pays - Bas viennent à bout de se soustraire à la domination Espagnole ; &, après avoir combattu pour leur liberté avec un

HISTOIRE.

République des Provinces-Unies.

courage incroyable, sont enfin reconnus par la maison d'Autriche elle-même, pour une République indépendante. Les Princes d'Allemagne confédérés travaillent de plus en plus, à l'aide de la France & de la Suède, à restreindre les prérogatives de l'Empereur.

Aux Traités de Westphalie tout prend une forme stable, & l'équilibre paroît établi entre les Puissances. C'est à cette époque qu'il faut se placer pour connoître & juger l'histoire de nos jours.

Cet équilibre, dont l'établissement avoit coûté tant de sang à l'Europe, en fit encore verser beaucoup sous prétexte de le conserver. Il supposoit, il inspiroit même l'inquiétude en plaçant les grandes Puissances, sinon dans un état de guerre, au moins dans un état de rivalité fondée sur l'étendue de leurs possessions. Il favorisoit l'ambition en lui fournissant des prétextes de plaintes : on avoit craint la maison d'Autriche sous Louis XIII, on craignit la maison de France sous Louis XIV : l'Europe se ligua contre lui ; mais ne put empêcher que les droits de son Petit-Fils sur l'Espagne ne fussent reconnus.

En 1701, & pendant que Philippe V montoit sur le trône d'Espagne, Frédéric, Electeur de Brandebourg, se faisoit proclamer Roi de Prusse, & affranchissoit ce petit État des liens féodaux qui l'attachoient à la Pologne.

Royaume de Prusse.

Dix-huit ou vingt ans après, tous les Princes de l'Europe donnèrent aussi le titre de Royaume à l'Isle de Sardaigne, qui, par la quadruple alliance, fut cédée au Duc de Savoye, en indemnité de la Sicile, qu'il rendoit, après l'avoir possédée depuis le traité d'Utrecht.

Royaume de Sardaigne.

Il ne me restoit plus qu'à indiquer ces deux Couronnes. Ce que l'Histoire de Prusse a de vraiment intéressant pour nous, commence avec le siècle. Celle des Souverains de Savoye se trouve, depuis long-tems, extrêmement mêlée avec celle de la monarchie Françoise; & les nœuds précieux qui nous attachent à leur Maison, doivent nous faire desirer de connoître la suite des Héros qu'elle a produits.

Me voici parvenu au terme de ma carrière ; car je le placerai à ce Traité célèbre qui semble avoir réuni pour jamais deux Puissances dont les divisions troublèrent si long-tems l'Europe. Un systême d'équilibre plus propre à maintenir la paix générale, semble avoir remplacé celui que Richelieu croyoit avoir fondé sur la jalousie de deux Maisons rivales.

Le premier, semblable à l'équilibre des corps solides, n'élevoit une Puissance qu'en abaissant sa rivale : celui-ci est comme l'équilibre des fluides, c'est la masse entière elle-même qui résiste au mouvement irrégulier de chaque partie. Dans ce systême, si les grands Alliés continuent d'être justes & toujours unis, il est impossible qu'aucun Prince qui voudra troubler le repos de l'Europe, se flatte d'un succès durable. Je prendrai donc, pour la dernière de toutes mes époques, un

événement

événement qui est devenu pour la France le gage du présent que lui a fait l'Allemagne. En terminant cette Carte, je me plairai à imaginer que l'histoire des malheurs de l'Europe est passée, & que celle du siècle à venir ne rappellera à notre postérité que le bonheur des peuples fondé sur la concorde des Rois.

Je n'ai voulu dans cette esquisse que placer successivement l'origine des États dont l'Histoire doit nous occuper. J'en ai indiqué le commencement & la fin. Je n'ai ni développé, ni même présenté les événements ; & quiconque aura lû cette Carte, n'aura rien appris que l'ordre dans lequel il doit apprendre. Il me reste à disposer, dans le même ordre, les Livres qui peuvent nous instruire & des faits & de leurs causes.

N° I.	G

§. III.

PLAN de lectures & suite des Livres François qui peuvent nous instruire de l'Histoire.

HISTOIRE.
Plan de lectures.

ME voici au véritable objet de mes fonctions : obligé d'arranger des Livres, j'ai cru que l'ordre dans lequel je devois les placer, étoit celui dans lequel je conseillerois de les lire, si j'avois à proposer un plan de lectures.

J'ai tracé une Carte immense ; mais elle est trop générale, & je n'y ai indiqué que les points principaux qui doivent déterminer la position de tous les autres. Ce n'est point savoir l'Histoire d'une maison, que d'en connoître la généalogie ; & je n'ai encore fait, si l'on me permet cette expression, que la généalogie des Empires. Voyons maintenant dans quelles sources nous pouvons puiser les détails intéressans qui doivent en graver tous les degrés dans notre mémoire. Tous les Historiens n'ont fait que rassembler les titres d'une famille innombrable répandue sur la surface de la terre.

Le plus ancien, le plus précieux de tous ces titres, le Livre par lequel commencera son cours de lectures quiconque voudra étudier l'Histoire avec ordre & avec fruit, est celui que nous avons appelé nous-même le *Livre* par excellence. Moïse est le seul Historien que nous puissions consulter pour connoître & l'origine de l'homme & le berceau des premières sociétés. C'est dans ses Livres que nous trouverons les principes primitifs de nos devoirs, & les promesses authentiques des récompenses éternelles qu'attend la vertu.

I.
La Bible.

Moïse, ne fût-il qu'un Auteur ordinaire, mériteroit encore, par le caractère de son ouvrage, la première place [1] qu'il occupe

---

[1] Il me semble que l'on ne peut trop se défier de ces Auteurs, qui, paroissant s'appuyer beaucoup sur le témoignage d'Hérodote, d'Homère, & de plusieurs autres, rougiroient d'invoquer celui de Moïse ; car leur silence ne me

déjà parmi les Historiens à raison de son ancienneté. Tout annonce dans ses récits la sincérité & l'impartialité. Ceux qui, après lui, ont écrit les événements qui intéressent le Peuple de Dieu, semblent guidés par le même esprit. Rien n'est plus éloigné de l'emphase & de l'enthousiasme avec lequel les flatteurs des Nations ont parlé de leur origine & de leurs exploits. On sent qu'inspirés de Dieu même, les Historiens sacrés ont moins écrit l'histoire de la postérité d'Abraham, que celle du salut de tous les peuples qui devoient être bénis dans sa race. On ne prendra point dans leurs livres une haute idée du

---

paroît pas une preuve de droiture. Un Ecrivain très-célèbre a fait une Dissertation assez longue pour prouver que le Polithéisme étoit la plus ancienne de toutes les Religions. On est le maître de ses opinions ; mais il faut de la bonne-foi dans ses preuves. Or il n'y a point d'ancien Auteur, quelque fabuleux & quelque apocryphe qu'il puisse être, dont il n'aille rechercher le suffrage. Moïse est le seul dont il ait oublié de faire mention. Il ne le nomme ni ne le cite. Avec cette méthode, il n'y a point de systême historique que l'on ne puisse se flatter de rendre vraisemblable. Je ne dis rien de tous les raisonnements Métaphysiques employés par cet homme illustre pour établir un fait qui, à ce qu'il me semble, avoit besoin de preuves d'un tout autre genre.

peuple Juif : on le verra tel qu'il fut toujours ; mais on admirera la grandeur de l'ouvrage dont il fut l'instrument : on se convaincra de la certitude des promesses dont il fut le dépositaire.

HISTOIRE.

Les traditions incontestables que Moïse rassemble, & qui seules peuvent éclairer la nuit des premiers siècles de l'univers, ne sont donc pas seulement la base de toutes nos connoissances historiques, elles sont de plus le témoignage le plus authentique des promesses que nous fait la Religion, & sur lesquelles sont fondées les espérances de l'homme. L'authenticité des Livres saints, la certitude des faits qu'ils attestent, font partie des dogmes de notre foi, & n'en sont que plus propres à répandre sur celles des Histoires profanes qui s'accordent avec l'Histoire révélée, des lumières que nous ne pouvons recueillir avec trop de soin.

Mais il est agréable de se prouver à soi-même, & par l'examen d'une raison impartiale, & par les recherches d'une juste &

G iij

HISTOIRE.

I I.
Les deux
derniers vo-
lumes du
Spectacle de
la Nature.
*Paris. Etien-
ne, 1755.*

sage critique, la vérité des événements dont Moïse est le premier Historien; & je connois un excellent ouvrage qui nous procure cette satisfaction : ce sont deux volumes que M. Pluche publia pour servir de continuation au Spectacle de la Nature : ils sont intitulés, l'un la *Préparation*, & l'autre *la Démonstration Evangélique.* Cet Auteur, aussi vertueux que savant, y réunit & y met à la portée de tout le monde, les monuments qui attestent la vérité de l'Histoire de Moïse, & il les prend dans la théorie physique de l'univers, dans la tradition de tous les peuples, dans le témoignage des Auteurs les plus anciens & les plus dignes de foi. Tout se lie, tout se rapporte aux récits du Législateur des Juifs. Il n'est pas possible de lire cette discussion, sans se sentir pénétré de respect pour la Religion; & celui-ci naît d'une conviction appuyée sur une chaîne de faits dont on ne peut raisonnablement nier un seul.

Cet ouvrage de M. Pluche, fournit de plus une liaison très-naturelle entre l'Histoire Sainte & l'Histoire profane; car il nous offre la suite & les progrès de la population qui suivit la dispersion des premieres familles après le déluge, & cette exposition développée plus en détail dans un écrit posthume du même Auteur, intitulé: *Concorde de la Géographie des différents âges,* nous présentant, pour ainsi dire, les germes de toutes les Nations, devient une clé qui nous ouvre la première entrée de toutes les anciennes Histoires.

Après la lecture des textes Sacrés, je conseillerai celle de Josephe. C'est un Écrivain Juif qui vivoit du tems des Empereurs Vespasien & Tite, auxquels il fut fort attaché, & qu'il flatta même quelquefois. Nous avons de ce judicieux Auteur, deux Ouvrages célèbres, les *Antiquités* & *la dernière guerre des Juifs.* Réservons celui-ci pour un autre tems, il suppose la connoissance de l'Histoire Romaine. *Les Antiquités* serviront à lier dans notre mémoire tous les faits que nous aurons déjà lus dans les Écrivains sacrés; mais dont ceux-ci peut-être ne nous auront pas laissé appercevoir assez l'ordre & l'enchaînement.

G iv

HISTOIRE.

III.
Concorde de la Géographie des différents âges, par M. Pluche. *Paris. Etienne.* 1765. *in-*12. *Voyez surtout depuis la page* 164 *jusqu'à la page* 338.

IV.
Antiquités des Juifs, par Josephe. Traduction de M. Arnaud Dandilly. *Paris.* 6 *vol. in-*12.

HISTOIRE.

On pourroit ensuite, pour se familiariser encore davantage avec la Nation dépositaire des promesses, lire l'excellent ouvrage de M. Fleury, intitulé : *Mœurs des Israélites*. Je ne dis rien de cet Écrit ; il est encore un de ceux qui font aimer la Religion : & je suis sûr que personne n'en a entrepris la lecture sans l'achever.

V.
Mœurs des Israélites, par M. Fleury.

Parmi les Histoires profanes, celle d'Egypte doit marcher la première. On la trouvera suffisamment éclaircie dans le premier volume de l'Histoire Ancienne de M. Rollin. Ce sage Professeur a recueilli dans tous les Auteurs Grecs & Romains, ce qu'ils nous ont laissé de plus certain sur la succession & sur les révolutions des plus anciens Empires ; & cet Ouvrage, le premier qui ait paru en France dans ce genre, respire l'honnêteté, & semble dicté par la vertu.

V I.
Histoire Ancienne de M. Rollin, six premiers volumes.

A la lecture du Volume qui traite des Egyptiens, on fera succéder celle des cinq suivants, qui développent l'origine & la suite des Monarchies des Assyriens, des Medes &

des Perses, & le commencement de celle des Grecs.

Mais, comme l'Histoire des Successeurs d'Alexandre se trouve extrêmement mêlée avec celle des Romains, je crois qu'après avoir lû le sixième volume de M. Rollin, & avant que de passer aux autres, il sera bon de prendre une première connoissance de ce peuple célèbre dans les trois volumes des Révolutions Romaines, par M. l'Abbé de Vertot.

Cet Ouvrage, écrit avec netteté & chaleur, nous mettra suffisamment au fait des principaux événements de la République Romaine, de son Gouvernement, & de ses Conquêtes. On sera bien plus en état de suivre après cela les derniers volumes de l'Histoire Ancienne de M. Rollin, qui nous conduisent jusqu'à la fin de la Monarchie des Grecs en Egypte.

On se trouve alors avoir assez bien couvert la Carte générale que j'ai tracée des

HISTOIRE.

VII.
Révolutions de la République Romaine, par M. l'Abbé de Vertot. *Paris. Saillant & Nyon.* 1767. 3 *vol. in-12.*

anciens Empires; mais il faut un peu la graver dans sa mémoire, & on trouvera quelque plaisir à en repasser tous les détails, si l'on veut bien faire succéder aux Auteurs que je viens d'indiquer, deux Ecrivains qui méritent d'être lus avec réflexion.

Le premier est Diodore de Sicile. Nous avons une excellente traduction de son Histoire Universelle en sept volumes *in-*12, par l'Abbé Terrasson. Cet Auteur, l'un des plus judicieux Ecrivains du siècle d'Auguste, composa son ouvrage sous le règne de ce Prince, & ramassa tout ce que l'Antiquité lui pouvoit fournir de mémoires les plus authentiques. Mais, quand on voit un contemporain d'Horace & de Virgile discuter philosophiquement quelles sont les terres, qui, par leurs fanges & par leurs fermens, ont été les premières à produire des hommes & des insectes, on sent de plus en plus le prix de ces vérités simples, que le plus ancien des Législateurs avoit annoncées 1500 ans auparavant au plus grossier de tous les peuples. Du tems de Moïse, les descendants de Sem

VIII.
Histoire Universelle de Diodore de Sicile, servant d'introduction à l'Histoire de l'origine des peuples & des anciens Empires, traduite par l'Abbé Terrasson. *Paris. Debure.* 1758. 7 *vol. in-*12.

s'étoient transmis mutuellement & avoient, par le simple secours de cette tradition orale, conservé sur l'origine du monde & sur la nature des choses, plus de connoissances que la Philosoph'e, avec tous ses efforts, n'en put acquérir dans la suite après bien des siècles de recherches.

Le second Écrivain, dont je placerai ici la lecture, est le célèbre Prideaux, Doyen de Norwich. Son livre est une histoire des Juifs, & en même-tems de tous les peuples qui ont eu quelque relation avec eux. Elle commence à la décadence des Royaumes d'Israël & de Juda, & finit à la mort de Jésus-Christ. Elle nous rappellera donc, mais avec un ordre & une précision de chronologie que l'on ne trouve point dans M. Rollin, tous les événements que celui-ci nous a déjà fait passer sous les yeux : elle fera plus que nous les rappeler, elle nous les peindra de nouveau & avec les détails & avec les couleurs qui leur sont propres : car les mêmes faits que l'on a lus dans M. Rollin, se trouvent nouveaux dans l'Historien Anglois. Il attache, il inté-

HISTOIRE.

IX.
Histoire des Juifs & des Peuples contemporains, par M. Prideaux. *Paris. Cavelier.* 1742. 6 vol. *in-*12.

resse par son respect pour la vérité , par les soins qu'il se donne pour la découvrir , par la bonne-foi de sa critique, par la justesse de ses réflexions, plus que tout, par son amour pour la Religion ; amour sincère, mais éclairé, qui nous la montre grande , raisonnable, majestueuse, digne de son Auteur [1].

La lecture des six volumes de Prideaux remplira un peu plus de tems, mais sera aussi infiniment plus utile, si l'on veut, en le lisant, se prescrire un exercice auquel il semble lui-même nous inviter. A mesure qu'il suit l'histoire & de la nation Juive, & des peuples contemporains , il s'applique à faire voir dans la plupart des événements qu'il raconte, l'accomplissement des prophéties qui les avoient annoncés.

---

[1] Voici une chose honorable pour l'Eglise Romaine. Cet Auteur, si éclairé & si judicieux, veut, dans un ou deux endroits de son Livre , censurer quelques-unes de ses pratiques. Il faut l'avoir lu pour pouvoir imaginer les raisonnemens puériles qu'il emploie alors. Le Lecteur raisonnable, deja pénétré d'estime pour ce Savant, est tenté alors de demander pardon pour lui.

J'ai connu des personnes qui ont suivi ce plan, & qui, en lisant Prideaux, se sont fait un plaisir, plutôt qu'un travail, de parcourir en même-tems toutes les prophéties qu'il cite. Après les avoir lues dans le texte sacré, elles examinoient dans l'Histoire même, avec une scrupuleuse attention, la justesse du rapport qui se trouve entre la prédiction & l'événement qui la justifie. Outre que par-là elles se gravoient encore plus profondément les faits dans la mémoire, elles ne quittoient jamais cette lecture qu'elles ne sentissent augmenter leur attachement pour une Religion dont tout annonce la Divinité, & dont les preuves sont si frappantes pour quiconque veut les vérifier de bonne foi. Il est sur-tout une prophétie qui mérite d'être étudiée avec soin, c'est celle des septante semaines de Daniel. Comment pourroit-on passer légérement sur un objet si digne de notre curiosité? Il est impossible de lire les calculs de Prideaux sans être satisfait de leur justesse, & sans avoir pitié de l'aveuglement des impies.

Comme cet Historien nous mène jusqu'à

Jésus-Christ, il ne nous reste, pour achever de nous instruire de toute l'Histoire Ancienne, qu'à nous familiariser avec l'Histoire Romaine.

On est le maître de choisir entre M. Rollin & la traduction Françoise de l'Anglois Laurent Echard. Le premier est un peu long & quelquefois diffus. Le style d'Echard est plus concis & plus soutenu. Quel que soit celui des deux que l'on choisira, & en supposant même, que pour mieux s'instruire par la comparaison, on lise l'un & l'autre, je conseillerai de conduire cette lecture jusqu'au règne d'Auguste, & d'y faire succéder l'*Histoire des deux Triumvirats*, par M. Citry de la Guette. Cet ouvrage, en trois volumes, m'a toujours paru un chef-d'œuvre. Il expose avec la plus grande clarté, & beaucoup de chaleur, une des plus importantes révolutions de l'Histoire Romaine, la chûte de la République.

J'ai déjà fait observer, dans la seconde partie de cet essai, que l'Empire Romain étoit, pour ainsi dire, la tige de la plupart des

Monarchies Européennes. C'est donc en suivant l'Histoire Romaine que l'on doit parvenir à celles-ci : mais comme c'est avec le règne de Tibère que commence l'Eglise de Jesus-Christ dont l'établissement est si intéressant pour nous , je voudrois placer ici la lecture du Livre des Actes des Apôtres ; consideré uniquement comme morceau historique, il est un des mieux écrits que je connoisse ; & si l'on veut bien lire à la suite le petit, mais excellent ouvrage de M. Fleury, intitulé *les Mœurs des Chrétiens* [1], on prendra du moins une première idée du changement que produisit parmi les hommes cette Mission Divine pour laquelle s'étoient arrangés sous la main de Dieu tous les événements qui composent l'Histoire.

Continuons ensuite celle de l'Empire Romain. M. Rollin ne peut plus être notre guide. Un de ses disciples lui a succédé, c'est M. Crévier : il a voulu suivre le même plan ; il

HISTOIRE.

XIII.
Les Actes des Apôtres.

XIV.
Les mœurs des Chrétiens , par M. Fleury.

XV.
Histoire des Empereurs Romains , par M. Crévier. *Paris. Saillant & Nyon.* 1763. 12 *vol. in-*12. ou 6 *vol. in-* 4°.

---

[1] Je ne parle point ici de nos Evangiles , ils sont plus que l'instruction, ils sont la nourriture de tous les jours.

HISTOIRE.

a la même bonne foi, la même candeur dans ses recherches ; il compile comme lui tout ce qu'il y a de mieux dans les Auteurs ; mais il n'a pas les mêmes graces dans le style. Cependant, comme il s'agit ici autant de s'instruire que de s'amuser , on ne fera pas mal de le lire : on peut encore ou y joindre Laurent Echard , ou si l'on veut même, ne lire que ce dernier ; mais ne suivons l'un & l'autre que jusqu'à Constantin exclusivement.

XVI.
Suite de l'Histoire Romaine de Laurent Echard.

Arrêtons - nous néanmoins quand nous aurons lu l'Histoire des douze premiers Empereurs que l'on nomme ordinairement les douze Césars , & laissons là nos deux Historiens modernes pour nous livrer uniquement à Josephe. C'est ici que l'on doit placer son Histoire de la Guerre des Juifs. Ecoutons alors un témoin oculaire de l'accomplissement des fameuses prophéties & de Daniel & de Jesus-Christ lui-même. Ce Temple , dont il ne devoit pas rester pierre sur pierre, ce Temple que Julien l'Apostat ne put faire reconstruire, ce Temple dont la place sera toujours un témoignage en faveur de l'Evangile,

XVII.
Histoire de la guerre des Juifs, par Josephe.

gile, fut détruit & brûlé malgré Tite lui-même, après une guerre longue & sanglante, qui occupa six Empereurs. C'est cette guerre dont Josephe nous a transmis tous les details.

Après cette lecture de Josephe je crois devoir conseiller celle de l'admirable ouvrage du Président de Montesquieu *sur les causes de la grandeur & de la décadence des Romains.* Avec les Écrivains ordinaires, l'Histoire orne notre esprit, elle amuse notre imagination ; avec un philosophe tel que Montesquieu, elle forme notre jugement, elle élève notre ame, elle agrandit nos idées.

Revenons ensuite à M. Crévier, ou à Laurent Echard, & allons avec eux jusqu'au commencement du quatrième siècle. Un conducteur aussi sûr & beaucoup plus agréable se présente alors. Ici commence l'Histoire du Bas Empire par M. le Beau. Un jugement sûr & une excellente critique ont accompagné ses recherches: son style est simple, mais noble & élevé ; ses réflexions courtes, mais

HISTOIRE.

XVIII.
Considérations sur les causes de la grandeur & de la décadence des Romains, par le Président de Montesquieu.

XIX.
Histoire du Bas Empire, par M. le Beau. *Paris.* *Saillant & Nyon* 1755. 14 *vol. in-*12.

justes ; on le lit avec plaisir, on le suit avec confiance.

Je n'interromprois la lecture de cet Auteur que pour donner quelques jours à un chef-d'œuvre dans le genre historique. Ce sont les vies de Julien l'Apostat & de Jovien son successeur, écrites par l'abbé de la Bletterie. Il est fort à souhaiter que M. le Beau puisse nous conduire très-loin, & nous le prendrons quelque jour avec plaisir : mais arrêtons nous, pour quelques momens, à la chûte de l'Empire Romain en Occident : c'est ici que commence l'Histoire des Monarchies qui se sont établies sur ses débris.

La plus intéressante pour nous est celle de notre Patrie. Lisons d'abord, par forme d'introduction, la Traduction des Mémoires de César qui contiennent l'Histoire de la guerre que ce Conquérant fit dans les Gaules. Joignons y ensuite la traduction de l'ouvrage dans lequel Tacite a peint les mœurs des Germains. Cette traduction est de l'abbé de la Bletterie, & fait souhaiter qu'il n'abandonne point la tâche qu'il s'est imposée.

HISTOIRE

Quant à la suite des événemens qui, dans les Gaules, ont précédé les différentes invasions des Barbares, & ont sensiblement marqué la décadence de l'Empire, on la trouve soit dans l'Histoire Romaine, soit dans celle des Monarchies qui lui ont succédé. Mezeray a composé son avant-Clovis ; l'abbé Dubos son Histoire de l'établissement de la Monarchie Françoise dans les Gaules : je n'indiquerois ces deux ouvrages qu'aux Sçavans qui veulent faire une étude particuliere de nos antiquités : ainsi je crois qu'après avoir conduit jusqu'au règne de Justinien la lecture des volumes de M. le Beau & la continuation de Laurent Echard, on peut se mettre à celle de l'Histoire de France.

des Germains & la vie d'Agricola, traduction de Tacite, par l'Abbé de la Bletterie. Paris. Duchesne. 1755 2 vol. in-12.

XXIII.

On en prendra une première idée en lisant les Eléments que nous a donnés depuis quelques années l'abbé Millot. Son ouvrage est fort court, mais sa méthode est excellente ; les faits sont présentés dans le jour le plus intéressant, & on en apperçoit l'ensemble sans confusion.

Elements de l'Histoire de France, par l'Abbé Millot. Paris. Durand. 1770. 3 vol. in-12.

H ij

Histoire.

XXIV.
Histoire gé-
nérale de
l'Empire
d'Allemagne
par le Père
Barre, Géno-
véfain, 11.
vol. in-4°.

Je suppose le desir de s'instruire, & par conséquent du courage. Je conseille donc de commencer ensuite la lecture des premiers volumes de l'Histoire générale de l'Empire par le P. Barre, Génovéfain , & de la conduire jusqu'à la mort de Charlemagne. Cet ouvrage nous mettra au fait de tout ce qui a précédé en Allemagne l'époque célèbre du renouvelle-ment de l'Empire en Occident : on y pren-dra une connoissance juste de l'origine des principales Nations qui forment aujourd'hui le corps Germanique.

Il faut alors revenir à l'Histoire de France, & la lire avec quelque détail. Plusieurs Au-teurs ont entrepris de l'écrire. On croit avoir à choisir , & cependant après les avoir lus on desire encore. Tous ceux qui aiment la vé-rité & l'impartialité dans les récits souhaitent bien sincérement que l'abbé Garnier qui con-tinue avec tant de succès l'Histoire commen-cée il y a plusieurs années par l'abbé Velly , la suive jusqu'à nos jours. On vient de don-ner une nouvelle édition de cette Histoire en dix volumes *in-4°* qui a été dédiée au Roi. Cet ouvrage n'étant point encore fini, on peut lire en attendant le P. Daniel qui fournira le corps & la suite des événements. Mézeray vieillit, est moins exact Historien, mais il attache par ses réflexions qui respirent la probité; & il est de bonne foi lorsqu'il se trompe. L'abbé Velly ne s'est attaché qu'aux mœurs & aux usages qui peuvent piquer la curiosité: mais quand on aura rejoint l'abbé Garnier, plus exact que les deux Auteurs qu'il continue, on pourra le suivre sans crainte : voilà tout ce que nous ayons d'Histoires générales. J'ai dit mon avis, & on est le maître de son choix.

HISTOIRE.
XXV. Histoire de France par le P. Daniel.
XXVI. Abregé de l'Histoire de France par Mezeray.
XXVII. Histoire de France par l'Abbé Velly, continuée par Villaret, & ensuite par M. l'Abbé Garnier. Paris. *Saillant & Nyon.* 20 *vol. in-12.* ou 10 *vol. in-4°.*

Parvenus dans notre Histoire au règne de Charlemagne, je crois que nous devons tout interrompre pour placer ici la lecture d'un ouvrage que j'ose mettre à la tête de tout ce que les Savants ont composé de plus parfait dans toutes les langues : je veux parler *du Discours de M. Bossuet sur l'Histoire Universelle.* C'est, selon moi, le Livre des Livres; & on ne perdra jamais son tems en le relisant chaque année. Sa première partie fera repasser rapidement sous nos yeux tous les

XXVIII. Discours sur l'Histoire Universelle, de M. Bossuet.

 événements qui nous ont occupés jusqu'ici. Les deux dernières renferment tout le fruit que nous devons tirer de l'Histoire. Revenons ensuite à celle de notre pays.

Comme il faut en bien mettre l'ensemble dans notre mémoire, & que pour l'y imprimer plus profondément il sera bon d'y revenir souvent, je voudrois qu'on lût de suite, & jusqu'à nos jours, l'Historien de France que l'on aura pris pour guide. Car, 1°. pour se mettre au fait des événements modernes qui nous touchent de plus près, il seroit très-impatientant d'être obligé d'attendre que l'on se fût instruit de ce que nous présente l'Histoire des siècles précédens, dans les autres Monarchies de l'Europe. 2°. Pour fixer dans notre esprit ces événements étrangers à notre pays, il est nécessaire de se faire à soi-même une chaîne à laquelle on puisse successivement les attacher. Or l'histoire de France doit être pour nous cette chaîne. Les principales époques qu'elle fournit seront les anneaux auxquels on aura soin de lier les époques parallèles que présentera l'Histoire

contemporaine des autres Peuples. A mesure
que nous reviendrons aux faits qui intéressent
notre Patrie, nous pourrons en lire le récit
dans un Auteur différent de celui qui nous
aura conduits d'abord.

En suivant ma méthode, on pourra, sans
aucune confusion, faire succéder à l'Histoire
de France celle des autres Etats de l'Europe :
il ne s'agit que de les placer successivement
dans l'ordre que semble leur assigner l'ancienneté de leurs relations avec la France.
Ceci va s'expliquer par des exemples.

La Monarchie Espagnole fondée par les
Gots sur les ruines du Gouvernement Romain, figure à côté de la Monarchie Françoise pendant les cinquième, sixième &
septième siècles. Plaçons cette histoire immédiatement après celle de notre Patrie.
L'invasion des Sarrasins nous rappellera souvent aux Maires du Palais qui arrêtèrent cette
inondation, & à Charlemagne qui proté-
gea si efficacement les rejetons de l'ancienne
Maison Royale. Nous verrons ceux-ci lutter

long-tems, à l'aide de la France, contre la postérité des usurpateurs, & les chasser enfin après bien des siècles de combats. Le Père d'Orléans a décrit toutes ces révolutions. Son livre écrit avec un style qui attache & intéresse, suffit à notre instruction ; mais si l'on vouloit une histoire plus détaillée, on pourroit lire la traduction de celle de Mariana.

XXIX.
Histoire des Révolutions d'Espagne, depuis la destruction de l'Empire des Gots, par le P. d'Orléans. Paris. Saillant & Nyon. 3 vol. in-4°.

En avançant dans notre histoire, nous aimons à nous arrêter avec Charlemagne, & nous le suivons avec plaisir dans ses conquêtes. Ici doit redoubler notre curiosité de connoître ces pays où les Romains n'avoient point pénétré, & qui dûrent au Monarque François & les lumières de la Religion qui les éclaira, & le premier régime de ces lois sages qui peu-à-peu formèrent leur police. Repassons d'abord la suite de ses expéditions militaires, & lisons un petit ouvrage passablement écrit, mais dans lequel nous trouverons assez bien rapprochés & rassemblés tous les événements du règne de Charlemagne. C'est l'hisroire de cet Empereur en deux petits vo-

XXX.
Histoire de l'Empereur Charlemagne 2 v. in-12. par la Bruere.

lumes, composée il y a environ trente ans
par M. de la Bruere.

Suivons ensuite l'histoire de l'Empire d'Allemagne par le Père Barre : elle nous fera
parcourir en détail tous les Etats qui com-
posèrent la Monarchie de ce grand Prince.
Quelquefois nous prendrons plaisir à comparer les successeurs qu'il eut en Allemagne
avec les héritiers qu'il eut en France.

XXXI.
Suite de
l'Histoire
de l'Empire
d'Allemagne,
par le P. Bar-
re.

Je ne dissimulerai point ici qu'il faut
souvent s'armer de courage contre le récit
fastidieux & quelquefois révoltant des atro-
cités que nous serons obligés de dévorer.
Mais c'est ici un plan d'instructions ; &, dans
l'espèce de voyage que je propose, il faut
bien se résoudre à trouver des landes & des
broussailles. Nous aurons souvent des dé-
dommagemens, & l'on peut s'en ménager
même en interrompant quelquefois ces grandes lectures pour parcourir quelques mémoires historiques qui auront pour objet un événement particulier. L'essentiel est de bien
placer ces lectures intermédiaires, de les en-

châsser de manière que dans notre mémoire elles jettent de la lumière sur les faits généraux qui nous occuperont, & ne fassent jamais avec eux ni contraste, ni confusion.

Les invasions des Danois ou Normands qui furent si fréquentes sous les premiers successeurs de Charlemagne semblent ensuite nous inviter à suivre les progrès de ces Peuples qui pillèrent long-tems avant que de conquérir. Leurs établissements nous conduiroient en Angleterre ; cependant, comme le principal intérêt que nous prenons à l'histoire de ce pays commence au règne de Philippe de Valois, & qu'avant celui-ci les Croisades nous transporteront souvent en Orient, je crois devoir faire succéder à l'histoire de l'Empire d'Allemagne, celle de la chûte de l'Empire d'Orient que l'on nomme Histoire Bisantine ; elle a été traitée par une suite d'auteurs contemporains, dont quelques-uns étoient du sang impérial ; & parmi eux on distingue l'illustre & savante Anne Comnene. Tous ces auteurs ont été traduits par M. Cousin. Je ne sais pourquoi l'on néglige trop aujourd'hui ces textes. Les événements qu'ils racontent sont dignes de notre curiosité, très-instructifs pour quiconque sait méditer sur les causes de la décadence & de la chûte des Empires ; & lorsque l'on entend Anne Comnene & Jean Cantacusene raconter l'une les malheurs de sa maison, l'autre les secousses qu'essuya le trône où il étoit assis, on a la double satisfaction & de s'attendrir sur les disgraces des Princes, & de s'instruire par leurs fautes.

HISTOIRE XXXII. Histoire de Constantinople, depuis le règne de l'ancien Justin, jusqu'à la fin de l'Empire, traduite sur les originaux Grecs, par M. Cousin, 8 vol. in-12.

Si on lit la traduction de M. Cousin, on ne doit pas pour cela se croire dispensé de suivre M. le Beau à mesure qu'il avancera dans cette partie de l'Histoire qu'il se propose, dit-on, de conduire jusqu'à la prise de Constantinople.

XXXIII. Suite de l'histoire du Bas-Empire, par M. le Beau.

Conseillerai-je de lire ensuite les Croisades du Père Maimbourg ? Pourquoi non, puisqu'on lit avec plaisir des Romans ajustés à notre Histoire ? Ici du moins une suite d'événements vrais & intésessants nous dédommage de quelques fables qui y sont entre-

XXXIV. Histoire des Croisades, par le Pere Maimbourg.

mêlées, & dont plusieurs même sont très-amusantes.

Les Croisades nous mènent à Saint-Louis. Il est important de se familiariser avec son règne; &, dans un siècle où l'on affecte de regarder la Religion comme la vertu des petites ames, on ne peut trop connoître un grand homme qui fut pieux, & un héros qui fut chrétien. Lisons donc Joinville : son style, qui est celui de la candeur, a des graces qui augmentent encore le prix des choses qu'il dit.

Ce Prince eut des démêlés avec l'Angleterre; elle méritoit dès-lors l'attention de la France, & soixante ans après elle étoit pour elle une puissance redoutable. Commençons ici à nous instruire de l'histoire de cette Monarchie. On peut en prendre une première idée dans les *Révolutions* du Père d'Orléans. Ce seroit une vaste entreprise que de vouloir lire ensuite Rapin Thoiras. Il a travaillé son histoire avec beaucoup de soin, & quiconque veut connoître à fond l'origine & le berceau de la Nation Angloise, ne peut se dispenser de lire ses premiers volumes. Dans la suite il devient trop partial : le réfugié mécontent pouvoit conserver quelque aigreur contre nous ; mais elle ne devoit pas influer sur l'historien. Il sent alors qu'on peut se défier de lui, & il devient un peu ennuyeux à force d'autorités & de pièces justificatives.

M. Hume qui enchante ses lecteurs par le talent qu'il a de détacher & de faire sortir les objets intéressants, a écrit l'histoire de son pays en Philosophe ; mais il ne devroit être qu'impartial, & il se pique de l'indifférence la plus outrée. Les Anglois qui ont la vertu des Romains, la partialité pour leur Patrie, lui ont eux-mêmes reproché ce défaut, & font de cet auteur moins de cas que nous n'en faisons nous mêmes. Tels sont les Ecrivains auxquels nous pouvons avoir recours. Si je suivois mon goût, je lirois les deux premiers volumes de Thoiras, & ensuite M. Hume en entier.

Descendons toujours l'échelle que nous

HISTOIRE XXXVII.
Hist. d'Angleterre, par Rapin Thoiras. *16 vol. in-4º.*

XXXVIII.
Hist. d'Angleterre, par M. Hume, *Paris. Saillant & Nyon. 18 vol. in-12.*

présente l'histoire de France. Ces guerres étrangères & ces divisions intestines qui mirent tant de fois notre Patrie aux abois, sont assez intéressantes pour que nous en repassions plusieurs fois les événements. Ainsi, après avoir lu l'histoire d'Angleterre, remontons à Charles VI, & lisons les déplorables malheurs de ce Prince présentés d'une manière très-touchante par Mademoiselle de Lussan. Cette fille avoit écrit des Romans qui faisoient regretter qu'elle n'eût pas traité avec la même chaleur quelques morceaux historiques. Elle a choisi dans nos fastes celui qui étoit le plus propre à remuer la sensibilité des lecteurs.

Après cette lecture, l'histoire de Louis XI par M. Duclos est faite pour rapprocher les deux règnes. On a reproché à cet ouvrage la parure de son style, & on l'a présenté comme un morceau très-agréable qui ne prétendoit qu'au succès du moment. Ceux qui, après la première séduction, l'ont relu, en ont jugé autrement, & ont pensé qu'à tout prendre on pouvoit avoir un peu trop d'esprit & faire un très - bon ouvrage.

HISTOIRE

Quiconque a entendu parler de Philippe de Comines, a desiré sans doute de lire les mémoires de ce vertueux Ecrivain. Messieurs Godefroi en ont donné en 1747 une excellente édition dans laquelle ils ont inséré la Chronique de Louis XI, autrement nommée *la Chronique scandaleuse*, avec toutes les piéces justificatives des faits avancés par Comines. Nous y verrons non seulement le règne de Louis XI, mais celui de son fils & son successeur. Je n'ai qu'un mot à dire sur cet ouvrage, & je l'aurai caractérisé. Il est peut-être le modèle du style dans lequel on doit écrire pour les Rois l'histoire de leur Patrie.

XLI.
Mémoires de Messire Philippe de Comines, Seigneur d'Argenton, où l'on trouve l'histoire des Rois de France Louis XI & Charles VIII. nouv. édition, augmentée par l'Abbé Langlet Dufresnoi, *in-*4°. 4 *vol.* 1747.

Sous le règne de Charles VIII commencent ces guerres d'Italie qui occupèrent trois de nos Rois, & qui firent plus d'honneur à leur valeur qu'à leur prudence. Plaçons donc immédiatement après la lecture de Comines celle de Guichardin; il nous conduira depuis l'an 1490 jusqu'à 1529, & son histoire nous mettra au fait des intérêts & de la po-

XLII.
Histoire des guerres d'Italie, traduite de l'Italien de François Guichardin. *A Londres* 1738. Paris. *Saillant & Nyon.* 3 *v. in-*4°.

litique des Princes entre lesquels l'Italie étoit

Histoire partagée dans le quinzième & dans le seizième siècle.

A cette époque les Vénitiens jouoient un
grand rôle & avoient le plus grand poids
dans les négociations qui occupoient alors
l'Europe. Il paroît convenable de faire succéder à l'histoire générale des guerres d'Italie,
l'histoire de cette République ; elle a été tout
récemment écrite avec beaucoup de fidélité
& dans un style assez agréable par l'abbé
Laugier.

XLIII.
Histoire de
la République
de Venise,
par l'Abbé
Laugier , 12
vol. in-12.
Paris. 1767.

Les divisions de François premier & de
Charles V favorisèrent dans le même siècle
les succès de Soliman II, & ce fut en 1522
qu'il chassa de l'isle de Rhodes les Chevaliers
de Saint-Jean de Jérusalem auxquels Charles-
Quint donna celle de Malthe quelque tems

XLIV.
Histoire des
Chevaliers
de Malte,
par l'Abbé de
Vertot. *Pa-*
ris. 1761. 7 *v.*
in-12.
Lambert, rue
de la Harpe.

après. Cet événement doit nous faire desirer
de connoître plus particuliérement cet ordre
religieux & militaire. L'abbé de Vertot en
a composé l'histoire en 7 volumes. Elle nous
rappellera celle des Croisades qui y est traitée

tée avec la supériorité qui caractérise cet
Ecrivain.

Les conquêtes que les Espagnols firent sous
Charles-Quint dans le Nouveau Monde, forment une partie très-intéressante de l'Histoire
du seizième siècle; car il s'ensuivit un changement dans le commerce & dans les mœurs
de tous les Peuples. C'est donc ici le tems de
se mettre au fait & de ces découvertes fameuses dont l'Europe eut la première obligation aux Portugais, & de ces établissements célèbres entre lesquels ceux des Espagnols doivent tenir le premier rang par leur importance. Je n'indiquerai pour cela que trois ouvrages, & ils suffisent.

Le premier est *l'Histoire des découvertes
faites par les Européens dans les différentes
parties du monde.* C'est une traduction de
l'ouvrage Anglois de Jean Barrow.

Les deux autres sont 1°. l'histoire de la
Conquête du Mexique par Fernand Cortez,
traduite de l'Espagnol de Dom Antonio de

HISTOIRE.

XLV.
Histoire des
découvertes
faites par les
Européens
dans les différentes parties du monde, traduction de l'Anglois de Jean
Barrow, par
M. Targe.
Paris. 1766.
Saillant &
Nyon, 12 *vol.*
in-12.
XLVI.
Histoire de la
Conquête du
Mexique, par

Solis. 2°. L'histoire de la Conquête du Pérou, traduite aussi de l'Espagnol d'Augustin de Zarate. Ces deux derniers ouvrages sur-tout attachent par la singularité des événements & par le ton de vérité avec lequel ils sont décrits. On ne peut s'empêcher d'estimer Antonio de Solis, & il est bien difficile de douter des faits qu'il a recueillis. Comme c'est à des époques moins éloignées que la France a commencé à s'occuper de ces sortes d'établissements, nous remettrons à un autre tems l'histoire de ses Colonies.

Revenons à François premier, & pour fixer dans notre mémoire quel fut l'état de l'Europe sous son règne, lisons de suite l'histoire qu'en publia M. Gaillard il y a quelques années. Elle fut bien accueillie, & il me semble qu'elle le mérite. On y trouvera beaucoup de recherches curieuses qui jusque-là n'avoient point été connues du public.

Le fameux défi donné à Charles V nous rappelle aux anciennes loix de la Chevalerie. On ne sait point l'histoire tant que l'on ignore

les mœurs des Peuples, & l'on ne connoîtra
point les mœurs Françoises, si l'on ne se fait
une idée juste de ces tems où l'honneur, la
Religion & la galanterie sembloient concou-
rir pour former des héros également fidèles
à Dieu, à leur Prince & à leur Belle. Je
voudrois qu'avant de s'enfoncer dans le som-
bre des règnes de Henri II & de ses enfants,
on égayât son imagination par la lecture de
l'histoire de la Chevalerie Françoise. Elle est
de M. de Sainte-Palaye ; le style de cet ouvrage imite la douceur & l'aménité du caractère de son Auteur.

Sous Henri II les disputes de Religion
commencent à diviser les Grands : leur politique prépare ses ressorts, & l'on peut déjà
prédire ces troubles funestes qui désolèrent
notre Patrie. Pour rassembler sous un seul
point de vue tout ce que les mémoires particuliers pourroient nous en apprendre, on
peut lire un petit ouvrage en trois volumes,
composé il y a deux ou trois ans, & qui a
pour titre *Esprit de la Ligue*. Il est écrit avec
chaleur, & est le précis de ce qu'il y a de

HISTOIRE.

XLIX.
Histoire
de la Cheva-
lerie Fran-
çoise, par
M. de Sainte-
Palaye. 2 *vol.*

L.
Esprit de la
Ligue, ou

I ij

mieux dans tant de relations de ces tems-là, qui toutes se sentent plus ou moins de l'esprit de parti qui fournissoit alors des armes à l'ambition. Cet ouvrage suffit avec l'Histoire des guerres civiles par d'Avila, traduite en François.

Ce fut sous le règne de Henri III que Philippe II, Roi d'Espagne, s'empara de la Couronne de Portugal, & ce fut à la fin du règne de Louis XIII que Dom Jean de Bragance remonta sur un trône qui avoit appartenu à sa maison. Saisissons l'occasion de la première de ces révolutions pour placer ici la lecture de l'histoire générale de Portugal par M. de la Clede. Si elle paroît longue & peu intéressante, on s'en dédommagera en lisant immédiatement ensuite l'admirable relation de la conspiration qui rendit le trône à la maison de Bragance ; c'est peut-être le chef-d'œuvre de l'Abbé de Vertot.

Voici le moment où la Suède commence à mettre un grand poids dans la balance de l'Europe ; car, pendant que Richelieu suscite en Espagne des affaires à Philippe II, & soutient les révoltes des Pays-Bas, il excite le Nord contre l'autre branche de la Maison d'Autriche, & les Suédois alliés de la France vont fixer la constitution Germanique.

L'Abbé de Vertot nous suffiroit encore pour nous apprendre tout ce qu'il nous importe de connoître de cette histoire du Nord antérieure au règne de Louis XIII. Ses *Révolutions de Suède* sont, après celles de Portugal, le meilleur ouvrage qu'il ait composé. On peut cependant lire aussi l'histoire de Suède par le Baron de Puffendorff, & celle de Dannemarck par Mallet.

La lecture que je conseillerai de faire succéder à celle de ces auteurs, est l'histoire des traités de Westphalie par le Père Bougeant. Les deux premiers volumes renferment un précis admirable des troubles d'Allemagne depuis les prédications de Luther. Il n'omet rien d'intéressant, & ne rappelle rien d'inutile. Ce siècle fut celui des grands hommes en Allemagne ; ce fut alors, & ce fut là que parurent tant d'illustres généraux, que nos Condé & nos Turenne prirent de bonne heure pour modèles.

Après avoir ainsi parcouru l'Allemagne, nous pouvons nous dispenser de séjourner long-tems à Munster & Osnabruck. Remettons, si nous le voulons, à un autre tems le récit des négociations qui précédèrent les traités. Cependant, à la multitude de livres que j'ai indiqués jusqu'ici, je prévois que quiconque voudra suivre mon plan ne sera parvenu à cette époque, qu'après avoir passé l'âge où de pareilles lectures pourroient ennuyer : mais, pour peu que ces détails nous fatiguent, remontons environ un demi-siècle plus haut, & revenons dans notre patrie admirer le caractère & les vertus du grand Henri. On se fera sans doute un plaisir de rassembler tous les morceaux historiques qui nous parlent de lui, &, heureusement pour l'humanité, ils sont en grand nombre ; je me contenterai d'indiquer les *Mémoires de Sully*, ministre digne d'un tel maître. L'un & l'au-

LVIII.
Mémoires de Sully, Ministre de Henri IV. Paris. 1767. Saillant & Nyon, rue Saint Jean de Beauvais ; Lambert, Imprimeur, rue de la Harpe. 8. vol. in-12.

tre jouissent d'une gloire peut-être unique parmi les grands hommes; il me semble qu'ils sont les seuls dont le souvenir nous attendrisse encore; l'enthousiasme le plus légitime a perpétué la reconnoissance due à ces bienfaicteurs de la Nation; 150 ans après leur mort, on fait plus que les respecter, on les revère & on les chérit.

L'histoire de Louis XIII a été écrite avec des détails très-intéressants par le Vassor. Cet auteur est souvent partial; il n'en est quelquefois que plus amusant; mais, sur les motifs qu'il prête aux actions, on ne doit pas l'en croire sur sa parole, & en général il faut le lire avec quelques précautions. Si on le trouve trop long, on peut se contenter du continuateur de Mézerai qui nous a donné les règnes de Louis XIII & de Louis le Grand. Il vient de paroître aussi une histoire de Louis XIII par M. de Buri, 4 vol. *in-*12, qu'on peut lire, ainsi que l'histoire de la vie de Henri IV, 4 vol. *in-*12. du même.

Nous voici arrivés à l'époque la plus brillante de notre Patrie, je voudrois pouvoir également dire la plus heureuse. Mais ce fut celle du moins où il parut en France le plus de grands hommes en tout genre, à commencer par le Monarque.

On sait que ses premières années furent troublées par des factions inquietes, que le milieu de sa vie ne fut qu'un enchaînement de succès, & que la fin de son règne fut cruellement traversée par des revers. Mais on sait en même-tems que rien n'abattit son courage, & qu'il se montra encore plus grand dans l'infortune, qu'il ne l'avoit été dans le cours de ses prospérités. Ces trois parties d'un règne long & intéressant méritent chacune d'être étudiées ; mais elles n'ont point eu d'historien qui les ait traitées avec la dignité & l'impartialité qui leur convenoient. Louis XIV eut des flatteurs & des envieux ; les uns ont exagéré sa gloire, les autres ont calomnié ses vues. Le gros des faits, on le trouvera par-tout [1], & ceux qui ont suivi ma

---

[1] Indépendamment des continuations de Mezeray & de Daniel, on compte jusqu'à quatre Histoires générales de

méthode les savent déjà, puisqu'ils ont lu les histoires générales. Ils ne doivent plus avoir que deux objets ; le premier de mieux connoître le détail des événements en lisant les mémoires particuliers qui peuvent nous en développer les circonstances ; l'autre de placer à côté de ce règne celles des histoires étrangères qu'ils n'ont point encore eu occasion de parcourir, & qui n'ont commencé que dans ce siècle à mériter une attention particulière.

Les Mémoires composés sur le règne de Louis XIV sont en très-grand nombre ; je nommerai seulement quelques-uns des plus intéressants.

Veut-on connoître les intrigues qui, sous la minorité, importunèrent la régence d'Anne d'Autriche ? on doit lire les Mémoires du

HISTOIRE.

LXII.
Mémoires du Cardinal de Retz, & Mémoires de M. Joly, contenant ce qui s'est passé de plus remarquable en France au commencement du règne de Louis XIV. Genève. *Paris* 1751. *Saillant & Nyon. 7 vol. in-12.*

Louis XIV, celle de Limiers 12 volumes *in-*12, celle de Larrey 12 volumes *in-*12 ; celle de la Martiniere, 6 vol. *in-*4°, celle de Reboulet 3 volumes *in-*4°, ou 9 volumes *in-*12. Je ne prononcerai point entre elles ; mais celle que l'on souhaiteroit n'est peut-être point encore faite.

Cardinal de Retz & ceux de M. Joly qui en sont le supplément & la suite.

LXIII.
Mémoires de Mademoiselle de Montpensier, niéce de Louis XIII, contenant des particularités des règnes de Louis XIII & de Louis XIV. *Amsterdam.* *1736. 7 vol. in-12.*

Veut-on s'amuser des petits détails de la Cour, & voir, pour ainsi dire, en déshabillé les principaux personnages qui jouèrent un rôle à la fin du règne de Louis XIII & au commencement du règne de Louis XIV? on peut lire les Mémoires de Mademoiselle de Montpensier, petite fille de Henri IV, & ceux de Madame de Motteville qui avoit été femme de chambre de la Reine Anne d'Autriche.

LXIV.
Mémoires pour servir à l'Histoire d'Anne d'Autriche, épouse de Louis XIII. par Madame de Motteville. *Amsterdam 1750. 6 vol. in-12.*

On aime les anecdotes de cette Cour célèbre, comme, dans la vie des grands Hommes, on recherche les détails qui seroient indifférents dans celle des autres. Lisons donc les Mémoires de l'Abbé de Choisy. Ce petit ouvrage n'est point une histoire; il ne nous apprend point les événements; mais il contribue à faire connoître ceux qui y eurent quelque part.

LXV.
Mémoires pour servir à l'Histoire de Louis XIV, par l'Abbé de Choisy. *Utrecht 1727. 1 vol. in-12.*

Veut-on voir dans les beaux jours de Louis XIV se développer des talents de toute espèce ? Est-on curieux de voir aux prises des Généraux qui s'estimèrent mutuellement & qui méritèrent & furent admirés de l'Europe ? lisons les *Mémoires de Montécuculli*, *la vie du Maréchal de Turenne*, celle *du Grand Condé*, les *Mémoires de la Farre* : je ne finirois point si je voulois tout indiquer.

Pour que nous connussions la vieillesse de Louis XIV, il seroit à souhaiter que Madame de Maintenon eût elle-même écrit ses propres Mémoires. Plaçons ici, faute de mieux, ceux que la Beaumelle a composés d'après les monuments qu'il a pu recueillir ; lisons sur-tout les lettres de cette femme célèbre, digne à tant d'égards de la confiance & de l'amitié d'un grand Roi. Mais voulons-nous tirer de la fin de ce règne les instructions morales les plus touchantes peut-être & les plus dignes d'être méditées ? Voyons, dans les Mémoires de Torcy, Louis le Grand humilié sans cesser d'être Grand, & la France aux abois, sans désespoir & sans bassesse, trouver dans son seul courage la dernière de ses ressources, & son salut dans l'orgueil aveugle de ses ennemis.

HISTOIRE.

LXVI. Mémoires de Montecuculli, Généralissime des troupes de l'Empereur. *Paris 1760. in-12.*

LXVII. Histoire du Vicomte de Turenne, par Ramsay, 2 v. *in-4°.*

LXVIII. Vie du Grand Condé, par M. Desormeaux. 2 *vol. in-12.*

LXIX. Mémoires & réflexions sur les principaux événements du règne de Louis XIV, par la Farc. *Amsterdam. 1749. in-12.*

LXX. Mémoires & Lettres de Madame de Maintenon, par la Beaumelle. *Hambourg 1756. 12 vol. in-12.*

LXXI. Mémoires de M. de Torcy, pour servir à l'Histoire des négociations depuis le trai-

HISTOIRE.

té de Riswick jusqu'à la paix d'Utrécht. *Amsterdam. 1757. Paris. Saillant & Nyon. 3 vol. in-12.*

Sous ce règne les Russes commencent à sortir de leur barbarie par les soins de Pierre premier. Grand & magnifique spectacle qui nous invite à connoître plus particuliérement cette Nation, si imposante aujourd'hui, qu'il n'est plus possible, que désormais la politique de l'Europe la perde de vue. Nous la retrouverons bientôt au nombre des Etats dont l'Abbé de Marsi a composé son *Histoire moderne.* Pour le moment contentons-nous de lire un assez bon ouvrage qui parut en 1725, & qui a pour titre *Histoire de l'Etat présent de la Grande Russie ou Moscovie.* Mais faisons marcher ensuite trois histoires particulières dont la lecture, plus amusante encore qu'instructive, fixera du moins notre attention sur les événements les plus importants que la Russie & la Pologne nous présentent dans le dernier siècle & dans le commencement de celui-ci.

LXXII.
Histoire de l'état présent de la grande Russie ou Moscovie, &c. *Paris. 1725. 2 vol. in-12.*

LXXIII.
Histoire de Jean Sobieski Roi de Pologne, par l'Abbé Coyer. *Paris 1761. 2. vol. in-12.*

La première est l'*histoire de Jean Sobieski,* Roi de Pologne. Le commencement de cet ouvrage nous fera connoître assez rapidement l'origine & les progrès d'une Nation qui eut autrefois un Gouvernement, mais qui souffrant aujourd'hui tous les malheurs de l'anarchie, auroit sans doute quelque jour les plus grandes obligations au despotisme même, s'il finissoit par lui rendre cette heureuse liberté dont la société ne peut être redevable qu'aux lois : les deux volumes de l'abbé Coyer renferment quelques traits hardis contre lesquels il faut se tenir en garde, & qui, lorsque l'ouvrage parut, firent quelque tort à l'auteur.

La seconde histoire que je propose de lire est celle de Charles XII par M. de Voltaire. Si cet homme illustre, dont l'activité semble suffire à tout, & qui a voulu embrasser tant de connoissances diverses, eût donné la première moitié de sa vie à la poësie, & la seconde à l'histoire; s'il eût voulu, dans cette nouvelle carrière, prendre tout le tems d'étudier les faits & de rechercher la vérité, avec cette attention & cette bonne-foi que les peuples ont droit d'attendre de ceux qui entreprennent de les instruire; s'il se fût enfin proposé pour but dans ce travail, non la satisfaction stérile d'amuser & de

HISTOIRE.

LXXIV.
Histoire de
Charles XII,
Roi de Suè-
de , par M.
de Voltaire.
1751. *in-12.*

plaire, mais l'inestimable avantage de rendre les hommes & meilleurs & plus heureux; il n'eût fait que des chef-d'œuvres; & regardé comme le bienfaicteur de sa Patrie, il jouiroit universellement & de la réputation meritée par ses talents & de l'estime due à l'usage qu'il en eût fait. J'aurois peut-être alors rayé un grand nombre d'écrivains de la liste que je viens de tracer, & j'aurois mis M. de Voltaire à leur place. Son histoire de Charles XII, le seul de ses morceaux historiques dont, malgré les inexactitudes qu'on lui reproche, je conseillerai la lecture, prouve que personne ne sait mieux que lui rendre la marche de l'Histoire noble & intéressante. Il supprime les détails indignes des regards de la Postérité, il ne saisit que ceux qui peignent l'ame de ses héros, ou qui peuvent remuer celle de ses lecteurs : on le suit sans distraction parce qu'il vous éclaire, on le retient sans peine parce qu'il vous échauffe.

La vie de Stanislas, Roi de Pologne, dont je conseillerai la lecture après celle de l'histoire de Charles XII, est écrite avec sagesse

& vérité : elle renferme de grands événemens, & peint un Héros bienfaisant.

Nous voici, je crois, au moment de nous faire une juste idée des établissemens, que les François ont formés en différents tems dans les diverses parties du monde. Car c'est à côté du règne de Louis XIV qu'il faut placer toutes les opérations qui augmentèrent considérablement notre commerce. Le Père Charlevoix est l'historien de nos Colonies; on a de lui l'histoire de la nouvelle France, & celle de Saint Domingue. On peut encore y joindre celle du Japon, quoique ce ne soit point l'histoire d'une Colonie Françoise.

LXXVI. Histoire de la nouvelle France ou des Isles de l'Amérique, par le P. de Charlevoix, Paris 1744. *6 vol. in-12.*

LXXVII. Histoire de Saint-Domingue, par le même. *Amst.* 1733. *4 vol. in-12.*

LXXVIII. Histoire du Japon, par le même. Paris. 1754. *6 vol. in-12.*

J'ai dit, que ce n'étoit que depuis le commencement de ce siècle que la Prusse étoit devenue une puissance, tant il est vrai que les Princes font plus souvent la gloire des Etats, que les Etats ne font la gloire des Princes ! Contentons - nous donc de lire sur cette Monarchie les *Mémoires historiques de la Maison de Brandebourg,* & l'histoire de la vie & du règne de Frédéric-Guillaume. Quel-

LXXIX. Mémoires de la Maison de Brandebourg *Londres.* 1767 Paris. *Saillant & Nyon. 3 parties.*

LXXX. Histoire de la vie & du règne de Fréderic Guillaume, Roi de Prusse. La Haye. 1741. *2. vol. in-12.*

que jour nos neveux liront avec admiration celle de son successeur, & ce ne sera pas la partie la moins intéressante de l'histoire d'Allemagne.

Je crois avoir présenté maintenant à toutes les personnes qui voudront suivre mon plan, un moyen sûr de couvrir successivement, & de très-bien remplir l'immense carte dont je n'ai d'abord offert à leurs yeux qu'une esquisse toute vide : on apperçoit maintenant ma méthode : elle consiste à ne jamais perdre de vue l'histoire de France. Elle est pour nous un fil que nous devons toujours tenir à la main, lorsqu'à droite & à gauche nous parcourons les contrées voisines : il est bon de se dire alors à soi-même, tel étoit l'état de la France, lorsque telle autre Monarchie commença à mériter quelque considération dans l'Europe ; voilà ce que nous étions lorsqu'elle monta à son plus haut degré de puissance ; nous visiterons ainsi successivement tous les pays du monde ; mais nous séparerons nos voyages, & nous reviendrons toujours chez nous, avant que d'en entreprendre un nouveau.   On

On apperçoit maintenant pourquoi je n'ai point encore parlé de l'excellent ouvrage du Président Hénault. Comment indiquerois-je le tems où on doit le lire, moi qui pense qu'on ne doit jamais le quitter ? C'est lui qui tient cette chaîne que je conseille de ne point abandonner. A mesure que nous lirons les révolutions des autres Etats, sa chronologie nous indiquera en France les événemens aux quels nous aurons soin de lier les faits étrangers, & elle les gravera d'autant mieux dans notre mémoire, qu'elle n'a que la précision des abrégés, sans en avoir la sécheresse.

Je n'ai envisagé dans l'Histoire moderne, que les différentes possessions des Nations Européennes. Cependant, comme dans l'Histoire Ancienne nous avons porté nos regards sur les autres parties du monde, peut-être sera-t-on bien aise de s'instruire des révolutions qu'ont essuyées, depuis Jésus-Christ, ces Peuples beaucoup plus étrangers aujourd'hui pour l'Europe, qu'ils ne l'étoient lorsque le siège de la première Monarchie de l'Univers étoit encore placé sur le Bosphore de Thrace.

N° I.　K.

HISTOIRE.
LXXXI.
Abrégé chronologique de l'histoire de France, par le Président Hénault. Par. 1768. *Saillant & Nyon.* 3 v. in-8° & 2 vol. in-4°. *Figures.*

HISTOIRE.
LXXXII.
Histoire moderne des Chinois, Japonois, Indiens, Turcs &c. par l'Abbé de Marsy, pour servir de suite à l'histoire Ancienne de M. Rollin. Paris. *Saillant & Nyon 1755. 18 vol. in-12.*

L'Abbé de Marsy a fait en dix-huit volumes *in*-12, une histoire moderne des Orientaux, & je crois qu'elle renferme sur ces peuples tout ce qui peut satisfaire notre curiosité & occuper utilement notre raison.

Après avoir parcouru la longue carrière que je viens de tracer, après s'être même arrêté quelque tems par-tout où les objets qu'elle nous présentoit ont paru mériter une attention plus particulière, veut-on en faire une espèce de revue générale ? veut-on, en repassant les faits dans sa mémoire, rendre encore plus profondes les traces qui les rappellent ? Je parle sans doute à des personnes qui toute leur vie aimeront à lire, & qui, dans un âge plus avancé, se plairont à contempler les richesses qu'elles auront amassées dès leurs plus tendres années : je n'effrayerai donc qui que ce soit, si je conseille encore quelques lectures. Celles que nous avons faites jusqu'ici nous ont instruits; mais il n'est point d'âge où nous n'ayons besoin de nous occuper, & nous avons à remplir utilement des moments qui resteroient ou vides, ou moins agréablement employés.

Un Savant modeste a composé à la Cour, sous les yeux de Mesdames & pour leur usage, une Histoire universelle, écrite avec plus de pureté & de vérité que de mouvement & de chaleur; cet ouvrage que son auteur n'a point eu le tems d'achever, annonce un jugement sûr, & peint une ame droite & vertueuse. Quiconque entreprendra cette lecture ne la quittera point sans en avoir profité. Craint-on cependant l'ennui de la monotonie, on peut y entremêler différents autres morceaux historiques qui feront diversion. Ce seroit, par exemple, un exercice assez agréable que de lire, parallèlement à l'histoire de M. Hardion, toutes les vies que Plutarque nous a laissées, d'y joindre celles que des auteurs modernes ont depuis composées, & de les lire, non dans l'ordre où elles ont été écrites, mais dans celui où l'Histoire nous les présente. Nous avons déjà vingt-six volumes des *Hommes illustres de France;* mais ne nous bornons ni à l'Histoire Moderne, ni dans celle-ci à notre Patrie; tout écrivain qui aura voulu faire connoître dans un ouvrage particulier ou un grand homme,

HISTOIRE.

LXXXIII. Histoire Universelle, sacrée & profane, par M. Hardion, l'un des quarante de l'Académie Françoise. Paris. Cellot. 1756. 20 vol. in-12.

LXXXIV. Les vies des Hommes illustres de Plutarque, traduites en François par M. Dacier. Paris *Saillant & Nyon.* 1763. 14 vol. in-12.

LXXXV. Vies des Hommes illustres de la France, depuis le commencement de la Monarchie jusqu'à présent, par M. Daubigni, continuée par M. l'Abbé Pérau, & ensuite par M. Turpin.

K ij

HISTOIRE.

LXXXVI.
Histoire de
Cicéron. tra-
duite de l'An-
glois de Mid-
leton , par
l'Abbé Pré-
vot. Paris.
1749. 4. vol.
in-12.

LXXXVII.
Histoire du
Chevalier
Bayard , De-
Hansy, 1769.

LXXXVIII.
Tableau de
l'Histoire
moderne, par
le Chevalier
de Méhégan.
Paris. Sail-
lant & Nyon.

ou un grand événement, peut alors interrompre utilement notre longue lecture ; & comme tout a maintenant dans notre mémoire la place qui lui convient, nous n'avons plus à craindre de confusion & d'anachronisme. Ne savons-nous pas qu'il faut placer à côté des derniers tems de la République Romaine , l'*Histoire de Cicéron* ; & celle du Chevalier Bayard à côté des règnes de François premier & de Charles-Quint ?

Rien ne ressemble moins à l'Histoire universelle de M. Hardion que le tableau de l'Histoire moderne par le Chevalier de Méhégan ; il faut encore lire cet ouvrage ; c'est avec une rapidité, c'est avec une chaleur incroyables que son auteur vous promène sur le spectacle si varié des révolutions que tous les peuples ont essuyées depuis 1500 ans. Il choisit dans l'Histoire tous les grands traits qui caractérisent chaque siècle & chaque Nation. Son ouvrage est bien nommé ; c'est un tableau & un tableau plein de feu.

Je conseillerai sans doute à tous ceux qui

auront bien voulu parcourir cet essai , de ne
jamais abandonner la lecture ; & je n'aurai
pas besoin de donner ce conseil à ceux qui
auront eu la patience de suivre mon plan ,
car ils auront prouvé que la lecture leur est
nécessaire. Mais voici le dernier livre que
je leur indiquerai. Il réunit à l'avantage
de nous rappeler l'ordre & la suite de tous les
événements, celui de nous les présenter sous
le point de vue le plus intéressant que nous
puissions nous proposer. Tous les hommes mar-
chent ensemble sur la terre ; mais où vont-ils,
& qu'est devenue la multitude innombrable
de ceux qui nous ont précédés, & dont les
actions ne vivent plus que dans notre mémoire ? Toutes les histoires profanes ne nous parlent que du voyage , mais ne nous disent rien
du terme. Il nous fut cependant montré dès
l'origine du monde ; car le Rédempteur, pro-
mis à nos premiers parents , étoit dès-lors *la
voie , la vérité & la vie.* Nous avons vu dans les
révolutions des anciens Empires les prophéties s'accomplir ; mais la plus claire & la plus
importante de toutes ne l'a été que par Jésus-
Christ & depuis Jésus-Christ , dont les dis-

ciples ont arraché l'Univers aux superstitions de l'idolatrie ; car c'est la révélation seule qui a ramené toutes les Nations à l'adoration & au culte d'un Dieu unique, seul & premier principe de toutes choses [1]; c'est elle qui a montré à l'homme sa fin dernière, qui lui a découvert la félicité destinée dans une autre vie à son ame immortelle, & les moyens d'y parvenir. L'Eglise, dépositaire infaillible des preuves de cette révélation, l'Eglise chargée par Jésus-Christ même de nous enseigner des vérités importantes, auxquelles notre raison ne pouvoit atteindre, & de nous conduire à un genre de bonheur, que celle-ci a sans doute deviné, mais sur lequel la révélation seule a parlé clairement aux hommes ; l'Eglise a donc aussi dans la société générale & son autorité & son Gouvernement & ses lois ; elle a son histoire comme les Empires, & cette histoire est la nôtre, si nous sommes

---

[1] Cela est si vrai, que, malgré les lumières qui éclairoient les Méxiquains, qui leur avoient fait découvrir tant d'arts utiles, & qui avoient porté très-haut la gloire & la puissance de leur Empire, ces peuples adoroient plusieurs Dieux, & leur sacrifioient des victimes humaines.

pénétrés de respect & de reconnoissance
pour une religion, dont les principes ne ten-
dent qu'à maintenir l'ordre & la paix dans
l'Univers.

C'est donc par l'Histoire de l'Eglise que
je me proposerai de terminer notre cours
de lectures : il faut un âge mûr & capable
de réflexion pour la lire avec fruit ; mais on
y sera sans doute parvenu, si l'on s'est con-
formé à ma méthode. Je ferois inutilement
ici l'éloge de M. Fleury auquel la France a
l'obligation de ce grand ouvrage, que j'en-
visage comme le complément de tout ce
que nous avons lu jusqu'ici. Je dirai seulement que, si quelqu'un regardoit comme
trop vaste l'entreprise que je conseille, du
moins ne pourroit-il se dispenser de lire cette
suite de discours admirables, dans lesquels
cet auteur illustre a réuni & le précis des
faits & les réflexions qu'ils doivent faire naître. Je crois qu'on les a imprimés séparément
dans deux petits volumes ; si on lit l'ouvrage
de M. Fleury en entier, il faut mettre chacun de ces discours à sa place ; ils sont des-

HISTOIRE.

LXXXIX.
Histoire Ec-
clésiastique,
par M. l'Abbé
Fleury. Paris.
Saillant &
Nyon. 40 v,
in-12. & *37 in-*
4°.

K iv

 tinés à faire germer dans notre ame toutes les semences que l'histoire a dû y répandre. Celle-ci ne nous rendroit que savans, ils ont pour objet de nous rendre meilleurs.

On doit s'appercevoir, que cherchant à présenter des lectures qui pussent successive-ment nous mettre au fait de l'histoire de tous les différens Souverains de l'Europe, je n'ai cependant presque rien dit des Papes. Voici ma raison. Je crois que nous ne de-vons les considérer que comme pasteurs, &, sous ce point de vue, leur véritable his-toire se trouve dans celle de l'Eglise : com-me Princes temporels, ils n'ont jamais été & ils ne peuvent jamais être une Puissance. Aussi remarquez que, lorsqu'ils ont remué l'Europe & occasionné des révolutions, ce n'a été qu'en usant & quelquefois en abusant de leur pouvoir pastoral. C'est donc dans l'his-toire Ecclésiastique, que nous devons nous faire une juste idée de leur Gouvernement, & de l'influence qu'il a pu avoir sur les évé-nements généraux : en nous bornant à cet excellent ouvrage, nous nous écarterons éga-

lement & de l'enthousiasme des flatteurs de
la Cour de Rome, & des calomnies gros-
sières par lesquelles les impies, les méchans
& les hérétiques ont cherché à noircir le
Saint-Siége.

Ai-je maintenant rempli le but que je
m'étois proposé ? Malgré ma bonne volonté
& mon zèle, je n'ose encore m'en flatter.
Les uns trouveront que j'ai indiqué une suite
trop nombreuse de livres ; d'autres en nom-
meront une multitude d'excellents que j'ai
oubliés, & qu'ils préféreront à ceux que
j'ai proposés. C'est à ces derniers critiques
que j'aurai le plus d'obligation, & mes
lecteurs la partageront sans doute ; car, en
fournissant à ceux-ci de quoi s'occuper utilement & agréablement, on aura secondé
mes vûes. Je n'ai point dit en effet : voilà
tout ce que vous aurez à lire ; mais j'ai dit,
& j'ose le répéter : quand vous aurez lu tout
cela, & dans l'ordre auquel j'ai cru devoir
m'attacher, vous aurez à-peu-près ce qui
doit nous intéresser dans l'histoire de l'Univers & vous le retiendrez bien mieux, que
si vous aviez lu beaucoup davantage, mais

sans avoir de plan. Cela fait une fois ; la vie est longue : il y a beaucoup de livres que vous ne connoissez pas encore ; il en paroîtra une foule de nouveaux. Lisez & relisez sans cesse ; mais votre principal ameublement est fait, & tout ce qui entrera dorénavant dans votre mémoire ira tout naturellement, sans travail de votre part, sans même que vous vous en doutiez, se ranger à la place qui lui convient.

Or cet arrangement que je crois si nécessaire, j'ai vu bien des personnes le demander de bonne foi. Des femmes respectables m'ont dit : » Il y a dix ans que nous » lisons des brochures ; indiquez nous de » bons livres, & puisqu'enfin nous voulons » savoir quelque chose, dites nous par où » commencer & par où finir ; ce n'est point » un maître d'histoire qu'il nous faut ; don- » nez nous seulement un fil qui puisse nous » conduire, & nous tâcherons de le suivre » seules ».

Des mères de famille, attentives à l'éducation de leurs filles, ont également souhaité de pouvoir, en les mettant dans le monde, leur indiquer un plan de lectures qui, pendant une longue suite d'années, tournât à leur profit les moments d'oisiveté & d'ennui que laisse la dissipation, & que l'âge mûr ne regrette que trop souvent.

Ce plan, il y avoit long-tems que j'en avois conçu l'idée, & quelques personnes auxquelles j'avois cru pouvoir le confier, ayant jugé que je leur avois rendu service, je me suis flatté qu'il pourroit être utile à tout le monde; j'ai donc saisi l'occasion de le publier. Chargé par mes fonctions d'arranger les livres de Madame LA DAUPHINE, & voulant commencer par la partie historique de sa bibliothèque, j'ai pensé qu'elle me permettroit de lui en faciliter l'usage par quelques réflexions sur l'objet moral de l'Histoire, par une carte générale qui pût l'aider à faire elle-même la disposition de ses livres pour les retrouver au besoin : voilà ce que j'ai tenté dans les deux premières parties de cet essai; par là j'ai rempli ma mission, en contribuant par mes soins au choix de ses

Histoire lectures, que je ne veux ni ne dois lui suggérer. Aussi n'est-ce plus à Madame LA DAUPHINE que j'ai osé adresser ma troisième partie ; elle peut servir d'indice aux livres de cette Princesse, mais je l'ai faite moins pour Elle que pour le Public ; & pour ce Public même je n'ai point voulu faire un ouvrage , mais lui nommer une partie de ceux que j'ai regardés comme les plus utiles à son instruction.

Quant aux reproches que l'on me fera sur le trop grand nombre d'Auteurs que j'ai indiqués, je répondrai, que rien n'oblige de les lire tous : j'ajouterai cependant que la multitude des ouvrages que l'on se trouveroit avoir lus , pendant l'espace de dix ans, seroit immense, si l'on vouloit, dans sa jeunesse, se prescrire seulement une heure de lecture par jour, & ne se jamais permettre de manquer à cet exercice. Or, je crois pouvoir avancer avec certitude, que parmi les personnes pour qui j'écris, il n'y en a aucune qui ne soit en état de donner ce tems à ce genre d'amusement ; & qu'il y en a même beaucoup qui ont chaque jour au moins une heure dont

elles ne savent que faire. Un excellent Auteur Histoire.
Anglois a dit que, chez les particuliers, la réputation de générosité ou d'avarice ne tenoit
ordinairement qu'à cent écus par an [1] ; & je
puis dire que pour les gens du monde, l'a-
vantage de savoir, ou la honte d'ignorer, ne
tient qu'au bon ou au mauvais emploi d'une
très-petite portion d'un tems qui se trouve
ordinairement perdu , même pour les plaisirs.

J'ai offert à mes Lecteurs un usage utile
de ces moments qui se consument & se dissi-
pent en détail , & dont à la longue la som-
me est si énorme & si fort à regretter. J'ai
arrangé les livres d'Histoire de Madame la
Dauphine, & j'ai osé dire à ceux même qui
n'auront jamais l'honneur de l'approcher ;
» Instruisez - vous sous ses auspices. Les ri-
» chesses des bons Princes ont toujours été
» les richesses du peuple ».

---

[1] Richardson , dans son excellent Roman de Clarisse.
12 volumes in-12.

Fin du N.º I.

On a cru devoir joindre ici , par forme de sup-plément , un triage des meilleurs Livres Fran-çois dont on puisse composer une Bibliothèque historique. Lorsque l'on se sera bien approprié le plan tracé dans cet Essai , on peut, sans danger, multiplier les lectures ; en compa-rant les témoignages , on s'assurera la preuve des faits , sans craindre de les confondre ou de les déplacer.

Histoires Universelles.

1 ABRÉGÉ historique de Justin , trad. par l'abbé Favier, *Paris , le Mercier,* 1737, 2 *vol. in-*12.

2 Introduction à l'Histoire générale & poli-tique de l'univers, par Puffendorff, continuée par Bruzen de la Martiniere, revue & augmen-tée par M. de Grace. *Paris , Lambert ,* 1753, 8 *vol. in-*4°, *fig.*

3 Continuation de l'Histoire universelle de M. Bossuet, *Paris , David,* 1744, 2 *vol. in-*12.

4 Histoire universelle depuis le commen-cement du monde jusqu'à présent, trad. de l'Anglois d'une Société de Gens de Léttres. *Amsterdam , Arkstée & Merkus , in-*4° * 32 *vol.*

* M. Turpin auteur de la continuation des Hommes illustres, fait un très-bon abrégé de cet ouvrage , & en a déjà don-né un ou deux volumes.

Histoire Sacrée et Ecclésiastique.

5 Histoire de l'Ancien & du Nouveau Testament, & des Juifs, pour servir d'introduction à l'Histoire Ecclésiastique de M. Fleury, par Dom Calmet. *Paris, G. Martin,* 1737, 4 *vol. in-*4° & 5 *vol. in-*12.

6 Abrégé chronologique de l'Histoire Ecclésiastique (par M. Macquer.) *Paris, Herissant,* 1768, 3 *vol. in-*8°.

Histoire Ancienne.

7 L'Egypte ancienne, ou Mémoires historiques & critiques sur les objets les plus importans de l'Histoire du grand Empire de l'Egypte, par M. Dorigny. *Paris, Vincent,* 1761, 2 *vol. in-*12.

8 Abrégé chronologique de l'Histoire ancienne des Empires & des Républiques, par Lacombe. *Paris, Herissant,* 1757, *vol. in-*8°.

9 Pausanias ou voyage historique de la Grèce, trad. du Grec avec des remarques, par l'abbé Gedoyn. *Paris, Didot,* 1731, 2 *vol. in-*4°.

10 Les IX Livres d'Hérodote, traduits du Grec, par du Ryer. *Paris, David,* 1713, 3 *vol. in-*12.

11 Thucydide, de la guerre du Pelopon-

nese avec l'Histoire Grecque de Xénophon, trad. par Perrot d'Ablancourt. *Amsterdam, 3 vol. in-12.*

12 La Cyropædie, ou l'Histoire de Cyrus trad. du Grec de Xénophon, par Charpentier. *Paris,* 1761, 2 *vol. in-12.*

13 La retraite des dix mille de Xénophon, ou l'expédition de Cyrus contre Artaxerxès, trad. par Perrot d'Ablancourt. *Paris, Joly,* 1665, *in-12.*

14 Histoire d'Epaminondas, par M. l'abbé Seran de la Tour. *Paris, Didot,* 1739, 1 *vol. in-12.*

15 Histoire de Philippe, Roi de Macédoine, père d'Alexandre, par le même. *Paris, Briasson,* 1740, *in-12.*

16 Quinte-Curce, de la vie & des actions d'Alexandre le Grand, traduit par Vaugelas, avec les suppléments de Freinshemius, trad. par du Ryer. *La Haye,* 1727, 2 *vol. in-8°.*

17 Histoire de Philippe & d'Alexandre, Rois de Macédoine, par M. de Bury. *Paris,* 1760, *in-4°.*

18 Histoire de Grèce, trad. de l'Anglois de Temple Stanyan. *Paris,* 1744, 3 *vol. in-12.*

19 Histoire raisonnée des premiers siècles de Rome depuis sa fondation jusqu'à la République, par M. P. de M. Londus. (*Paris*) 1756, 2 *vol. in-12.*

20 Annales Romaines , ou abrégé chronologique de l'Histoire Romaine depuis sa fon-
dation jusqu'aux Empereurs, par M. Macquer.
Paris , Herissant , 1 vol. in-8°, 1756.

21 Abrégé de l'Histoire Romaine & Grecque , traduite de Velleïus Paterculus , par
M. Doujat. *Paris , 1708 , 2 vol. in-12.*

22 Les Histoires de Polybe depuis la seconde
guerre Punique jusqu'à celle de Macédoine ,
trad. du Grec par Dom Thuilier , avec les
commentaires du Chevalier Folard. *Paris ,
Gandouin , 1727 , 6 vol. in-4°.*

23 Histoire de Scipion l'Africain , par M.
l'abbé Seran de la Tour. *Paris , Didot , 1752 ,
in-8°.*

24 Nouvelle traduction de Salluste (par
M. Dotteville). *Paris , Lottin , 1749 , in-12.*

25 Histoire de Catilina tirée des Auteurs
anciens , par M. l'abbé Rainal. *Amsterdam ,
(Paris)* 1749 , *in-12.*

26 Les 16 Livres des Annales de Tacite ,
avec des notes historiques & politiques , par
Amelot de la Houssaye. *Amsterdam , 1731 ,
6 vol. in-12.*

27 Histoire des Empereurs Romains , trad.
du Latin de Suètone, par H. Ophellot de la
Pause. *Paris , Saillant & Nyon , 1771 , 4 v. in-8°.*

28 Vies des Empereurs , par Dion Cassius

L

162

de Nicée , abrégées par Xiphilin, & trad. du Grec par B. G. *Paris , Barbin ,* 1674, 2 *vol. in-*12.

29 Histoire de César Germanicus (par M. Louis de Beaufort.) *Leyde,* 1741, *vol. in-*8º.

HISTOIRES MODERNES.

I HISTOIRE DE FRANCE.

Origine de la Monarchie.

30 Histoire des Gaules & des conquêtes des Gaulois depuis leur origine jusqu'à la fon-dation de la Monarchie Françoise , par Dom Jacques-Martin , & continuée par Dom Jean-François de Bresillac. *Paris , Lebreton ,* 1752, 2 *vol. in-*4º.

31 Histoire critique de l'établissement de la Monarchie Françoise dans les Gaules , par l'abbé du Bos. *Paris , Didot ,* 1742 , 4 *vol. in-*12.

32 Mœurs & coutumes des François dans l'origine de la Monarchie, avec les mœurs des anciens Germains d'après Tacite, par l'abbé le Gendre. *Paris , Briasson ,* 1753 , 2 *vol. in-*12.

HISTOIRES GÉNÉRALES.

33 HISTOIRE de France, par Cl. Chalons, composée sous les yeux de M. de Harlay. *Paris, Mariette,* 1741, *3 vol. in-12.*

34 Abrégé de l'Histoire de France, par M. Bossuet. *Paris, Desaint & Saillant,* 1747, *4 vol. in-12.*

HISTOIRES PARTICULIERES.

Première & seconde Race.

35 HISTOIRE de France, traduite du Latin de Grégoire de Tours, par l'abbé de Marolles. *Paris, Léonard,* 1668, *4 vol. in-8°.*

36 Œuvres de Claude Fauchet contenant les Antiquités Gauloises & Françoises jusqu'au règne de Hugues Capet. *Geneve,* 1611, *in-4°.*

Troisième Race jusqu'à Philippe de Valois.

37 Histoire de Suger, abbé de S. Denis, Ministre d'Etat sous Louis le Jeune, par Dom Gervaise (depuis 1120 jusqu'en 1152.) *Paris, Barrois,* 1721, *3 vol. in-12.*

38 Histoire de Philippe Auguste (depuis 1165 jusqu'en 1223, par Baudot de Juilly.) *Paris, Brunet,* 1702, *2 vol. in-12.*

39 Histoire de France sous les règnes de S. Louis, Philippe de Valois, Jean, Charles V & Charles VI, par l'abbé de Choisy (depuis 1226 jusqu'en 1422.) *Paris, Didot,* 1750, 4 *vol. in-*12.

40 Histoire du différent entre le Pape Boniface VIII & Philippe-le-Bel (depuis 1296 jusqu'en 1311, avec le procès criminel fait à Bernard, Evêque de Pamiers en 1295, par Pierre Dupuy.) *Paris, Cramoisy,* 1655, *in-*f°.

Depuis Philippe de Valois jusqu'à Louis XII.

41 Histoire de Bertrand du Guesclin, Connétable de France, & des Royaumes de Léon & de Castille, &c. par Paul Hay du Chastelet (depuis 1314 jusqu'en 1380.) *Paris,* 1666, *vol. in-*fol.

42 Histoire de Charles VI, Roi de France, par Juvénal des Ursins, depuis 1380 jusqu'en 1422, donnée par Denis Godefroy. *Paris, Imprimerie Royale,* 1653, *in-*fol.

43 Les Œuvres d'Alain Chartier, Secrétaire, &c. contenant l'Histoire de son tems depuis 1402 jusqu'en 1460, & autres pièces, revues & augmentées par André du Chesne. *Paris,* 1617, *in-*4°.

44 Histoire d'Artus III, Duc de Bretagne, & Connétable de France, contenant ses mé-

morables faits (depuis 1413 jusqu'en 1457,)
par Théod. Godefroy. *Paris*, 1622, *in-4°*.

45 Histoire de Charles VII, par Jean Chartier, Jacques le Bouvier, *dit* Berry, Mathieu
de Coucy & autres (depuis 1422 jusqu'en
1461,) avec des preuves & des observations
par Denis Godefroy. *Paris*, *Impr. Royale*,
1661, 1 *vol. in*-fol.

46 Histoire de Louis XI, par Varillas.
Paris, *Barbin*, 1689, 2 *vol. in*-4°.

47 Histoire de Louis XI, par Mademoiselle
de Lussan. *Paris*, *Pissot*, 1755, 6 *vol. in*-12.

48 Histoire de Charles VIII (depuis 1483
jusqu'en 1498,) par Guill. de Jalligny, André
de la Vigne, & mis au jour par Denis Godefroy. *Paris*, *Imprimerie Royale*, 1684, *in*-fol.
1 *vol.*

49 Histoire de Charles VIII & de Louis XII,
(depuis 1483 jusqu'en 1515,) par Varillas.
Paris, *Barbin*, 1688, 4 *vol. in*-4°.

Depuis Louis XII jusqu'à Henri IV.

50 Vie du Cardinal d'Amboise, Ministre
de Louis XII, avec un parallèle des célèbres
Cardinaux qui ont gouverné des Etats, par
Louis Legendre. *Rouen*, *Machuel*, 1724,
in-4°.

51 Lettres du Roi Louis XII & du Cardi

nal d'Amboise, avec d'autres Lettres & Mémoires depuis 1504 jusqu'en 1514 (publiées
par Jean Godefroy.) *Bruxelles, Foppens,*
1712, 4 *vol. in-8°.*

52 Histoire du Chevalier Bayard sous
Charles VIII, Louis XII & François I (depuis
1510 jusqu'en 1524) par Théod. Godefroy.
Paris, 1619, *in-4°.*

53 Histoire de François I, par Varillas.
Paris, Barbin, 1685, 2 *vol. in-4°.*

54 Mémoires de Martin & Guillaume du
Bellay Langey, mis en nouveau style, avec
les Mémoires du Maréchal de Fleuranges &
le Journal de Louise de Savoye, par M. l'abbé
Lambert, avec des notes critiques sur le règne
de François I. *Paris, Prault,* 1753, 7 *vol.*
in-12.

55 Vie de Gaspard de Coligny (par Gatien
Sandras de Courtilz, depuis 1517 jusqu'en
1572.) *Cologne,* 1686, 1 *vol. in-12.*

56 Commentaires de Blaise de Montluc,
Maréchal de France (depuis 1521 jusqu'en
1574.) *Paris, Barrois,* 1746, 4 *vol. in-12.*

57 Histoire de Marguerite de Valois (sœur
de François I, depuis 1527 jusqu'en 1549.)
Paris, 1720, 4 *vol. in-12.*

58 Mémoires de la vie de François Scepeaux
de Vieilleville, Maréchal de France, conte-

nants des anecdotes des règnes depuis François I jusqu'à Charles I X , par Vincent Carlois (depuis 1528 jusqu'en 1571.) *Paris, Guerin,* 1757, 5 *vol. in-8°.*

59 Vie du Connétable de Lesdiguieres, par Louis Videl (depuis 1543 jusqu'en 1626.) *Paris*, 1638, *in-*fol.

60 Histoire de Henri II, par Varillas (depuis 1547 jusqu'en 1559.) *Paris, Barbin,* 1692, 2 *vol. in-4°.*

61 La même, par l'abbé Lambert. *Paris, Bauche,* 1755, 2 *vol. in-12.*

62 Mémoires du Chancelier de l'Hôpital (depuis 1551 jusqu'en 1556.) *Cologne,* 1692, 1 *vol.*

63 Vie de Louis Balbe Berton de Crillon, surnommé le Brave pour servir à l'Histoire de Henri II jusqu'à Henri IV, (par Mademoiselle de Lussan.) *Paris, Pissot,* 1757, 2 *vol. in-12.*

64 Mémoires de Michel de Castelnau sous François II, Charles IX & Henri III, (depuis 1559 jusqu'en 1570,) par Jean le Laboureur. *Bruxelles, Jean Léonard,* 1731, 3 *vol. in-*fol.

65 Mémoires de Condé , ou Recueil pour servir à l'Histoire de France sous le règne de François II, & sous une partie de celui de Charles IX (publiés par M. Secousse) avec un supplément (par M. l'abbé Lenglet du

Fresnoy) *Londres. (Paris , Rollin)* 1745 , *6 vol. in-4°.*

66 Histoire de Charles IX , par Varillas , depuis 1560 jusqu'en 1574. *Paris , Barbin,* 1686 , 2 *vol. in-4°.*

67 Mémoires de la Reine Marguerite (femme de Henri IV , depuis 1565 jusqu'en 1581.) *Paris , Barbin , 1661 , in-12.*

68 Mémoires d'Etat de Nicolas de Neuf-ville , Seigneur de Villeroy sous Charles IX , Henri III , Henri IV & Louis XIII (depuis 1567 jusqu'en 1604 ,) publiés par Auger de Mauleon de Granier , avec d'autres Mémoires recueillis ensuite de ceux de M. de Villeroy (depuis 1572 jusqu'en 1620,) publiés par Dumesnil Basire. *Amsterdam , 1723 , 7 vol. in-12.*

69 Histoire de Henri III , par Varillas (depuis 1574 jusqu'en 1589.) *Paris , Barbin,* 1694 , 3 *vol. in-4°.*

70 Recueil de diverses pièces servant à l'Histoire du règne de Henri III , contenant le Journal du règne de ce Prince (par Pierre de l'Etoile.) *Cologne , P. Marteau ,* 1693 , *in-12.*

71 Le même Journal du règne de Henri III avec les remarques de l'abbé Lenglet du Fresnoy. *La Haye , Gosse ,* 1744 , 5 *vol. in-8°.*

72 Mémoires de la Ligue sous Henri III & Henri IV , (depuis 1576 jusqu'en 1598 ,) avec des notes historiques de M. l'abbé Goujet. *Amst. (Paris) 1758 , 6 vol. in-4°.*

Depuis Henri IV jusqu'à Louis XIV.

73 Histoire du Roi Henri le Grand , par M. de Perefixe (depuis 1589 jusqu'en 1610.) *Paris , 1749 , 1 vol. in-12.*

74 Chronologie Novennaire contenant l'histoire de la guerre sous le règne de Henri IV, depuis 1589 jusqu'en 1598, par Pierre-Victor Palma-Cayet. *Paris, 1608, 3 vol. in-8°.*

75 Chronologie séptennaire, ou l'Histoire de la Paix entre les Rois de France & d'Espagne , (depuis 1598 jusqu'en 1604 ,) par le même. *Paris , 1605 , in-8°.*

76 Journal du règne de Henri IV (depuis 1594 jusqu'en 1611 ,) par Pierre de l'Etoile, avec des remarques de l'abbé Lenglet du Fresnoy. *La Haye (Paris) 1741, 4 vol. in-8°.*

77 Mémoires de Pontis sous les règnes de Henri IV, Louis XIII & Louis XIV (depuis 1596 jusqu'en 1653.) *Amst. (Paris) 1749 , 2 vol. in-12.*

78 Mémoires du Maréchal de Bassompierre (depuis 1598 jusqu'en 1631 ,) publiés par

Claude de Malleville. *Amsterd.* 1723, 4 *vol. in*-12.

79 Conspiration, prison, jugement & mort du Duc de Biron, 1604, 1 *vol. in*-8°.

80 Mémoires d'Etat sous la Régence de Marie de Médicis, & le règne de Louis XIII, (par Fr. Hannibal, Maréchal, Duc d'Estrées, & publiés par Pierre Le Moine.) *Paris, Thiery,* 1666, 1 *vol. in*-12.

81 Mémoires concernant les affaires de France sous la Régence de Marie de Médicis depuis 1610 jusqu'en 1620 (attribués à M. de Phelypeaux, Comte de Pontchartrain) avec un Journal des Conférences de Loudun. *La Haye, Johnson,* 1720, 2 *vol. in*-8°.

82 Vie du Maréchal Fabert, par le P. Barre. *Paris, Hérissant,* 1752, 2 *vol. in*-12.

83 Mémoires de Michel de Marolles, (depuis 1619 jusqu'en 1656.) *Amsterdam. (Paris)* 1755, 3 *vol. in*-12.

84 Mémoires du Marquis de Monglat, sous les règnes de Louis XIII. & de Louis XIV, (depuis 1612 jusqu'en 1668). *Amsterdam,* 1727, 4 *vol. in*-12.

85 Histoire de la Mère & du Fils (de Marie de Médicis & de Louis XIII, depuis 1616 jusqu'en 1619, par Eudes de Mezeray) *Amsterdam, Charles le Cene,* 1730, 2 *vol. in*-12.

86 Vie du Cardinal de Richelieu , par le Clerc. *Amsterdam* , 1753. 5 *vol. in*-12.

87 Mémoires particuliers de la Porte, premier valet-de-chambre de Louis XIV (depuis 1624 jusqu'en 1666.) *Genève* , 1735 , 1 *vol. in*-12.

88 Mémoires d'Omer Talon (depuis 1630 jusqu'en 1653). *La Haye,* 1732, 8 *vol. in*-12.

89 Histoire des Diables de Loudun (en 1634) de la possession des Religieuses Ursulines, & de la condamnation d'Urbain Grandier, (par Aubin). *Amsterdam* , 1737, 2 *vol. in*-12.

90 Mémoires de Frédéric-Maurice de la Tour-d'Auvergne, duc de Bouillon , depuis 1640 jusqu'en 1652 , avec quelques anecdotes sur le vicomte de Turenne, (par Jacques de Langlade , baron de Saumières). *Paris* , 1692. 1 *vol. in*-12.

Règne de Louis XIV.

91 Histoire de la Monarchie Françoise , sous le règne de Louis le Grand , depuis 1643 jusqu'en 1666, par C. de S. S. (Charles de Souvigny Sorel). *Paris* , *Brunet* , 1697 , 3 *vol. in*-12.

92 Histoire du règne de Louis XIV, depuis 1643 jusqu'en 1715 , par **H. Ph. D. L. D. E.**

D. (de Limiers). *Amsterdam*, 1717, 7 *vol. in*-12.

93 Histoire de la vie & du règne de Louis XIV, depuis 1648 jusqu'en 1715, rédigée sur les mémoires du Comte de ***, par Bruzen de la Martinière, & enrichie de médailles. *La Haye, Vanduren*, 1740, 5 *vol. in*-4°.

94. Histoire du règne de Louis XIV, (depuis 1643 jusqu'en 1715,) par Reboulet. *Avignon, Girard*, 1744, 3 *vol. in*-4°.

95 Histoire du tems, ou récit des troubles du Parlement, depuis Août 1647 jusqu'à Novembre 1648, 1649, 2 *vol. in*-8°.

96 Histoire abrégée du Parlement durant les troubles du règne de Louis XIV, (depuis 1647 jusqu'en 1653,) 1754. *in*-12. 1 *vol.*

97 Mémoires de Henri de Lorraine, duc de Guise, contenant son entreprise sur Naples en 1647, écrits par lui-même, & publiés par Saintyon son secrétaire. *Paris, Martin*, 1668, 1 *vol. in*-4°.

98 Mémoires de M. L. D. D. N. (Madame la duchesse de Nemours, Marie d'Orléans de Longueville) contenant ce qui s'est passé pendant la guerre de Paris jusqu'à la prison du Cardinal de Retz, en 1652, avec les différens caractères des personnes qui ont eu part à cette guerre. *Amsterdam, Bernard*, 1738, 1 *vol. in*-8°.

99 Mémoires de M. D. L. R. (de la Rochefoucault) sur les brigues à la mort de Louis XIII , les guerres de Paris & la prison des Princes , avec les mémoires de la Châtre, (depuis 1649 jusqu'en 1652.) *Amsterdam*, *Roger* , 1710 , 2 *vol. in-12.*

100 Histoire d'Henriette d'Angleterre , par Madame de la Fayette , avec les mémoires de la Cour de France, par la même. *Amsterdam*, *Frédéric Bernard* , 1742 , *in-12.*

101 Histoire de Louis XIV , depuis la mort du Cardinal de Mazarin (9 Mars 1661) jusqu'à la paix de Nimégue (10 Août 1678) par Pelisson Fontanier. *Paris* , *Rollin* , 1749 , 3 *vol. in-12.*

102 Mémoires du Maréchal de Villars , (depuis 1670 jusqu'en 1700.) *La Haye*, *Gosse* , 1734 , *in-12.*

103 Mémoires de Claude , comte de Forbin , chef d'Escadre , depuis 1675 jusqu'en 1710 (par Reboulet & le P. le Comte.) *Amsterdam* , 1730 , 2 *vol. in-12.*

104 Mémoires du Maréchal de Berwick, (depuis 1685 jusqu'en 1734,) par l'abbé de la Pause de Margon. *Paris*, 1737 , 2 *vol. in-12.*

105 Les Mémoires de Duguai-Trouin (de 1689 à 1712). *Paris* , *Cl. Fr. Simon*, 1740 , *in-4°.*

106. Annales de la Cour & de Paris, pour les années 1697 & 1698, par de Courtilz. *Amsterdam, Brunet, 1706, 2 vol. in12.*

107 Histoire littéraire du règne de Louis XIV, par M. l'abbé Lambert. *Paris, Prault, 1741, 3 vol. in-4°.*

II. Histoire d'Allemagne.

108 Essai critique sur l'établissement & sur la translation de l'Empire d'Occident ou d'Allemagne, les causes singulieres pour lesquelles les François l'ont perdu, par M. l'abbé Guyon, *Paris, Villette, 1752, vol. in-8°.*

109 Histoire de l'Empire, par Heiss, avec les notes de M. V. G. J. D. G. S. *Paris, 1731, 3 vol. in-4°.*

110 Histoire de l'Empereur Charles VI, & des révolutions sous la maison d'Autriche, depuis Rodolphe de Hapsbourg jusqu'à présent. *Amsterdam, Franç. l'Honoré, 1742, 2 vol. in-12.*

111 Histoire de Bavière, par Blanc, *Paris, 1680, 4 vol. in-12.*

III. Histoire d'Espagne et de Portugal.

112 Anecdotes du Ministère du Comte Duc d'Olivarès, traduit de l'Italien de Siri;

par M. de Vallory , *Paris , Musier , 1722 , 1 vol. in-12.*

113 Mémoires pour servir à l'histoire d'Espagne , sous le règne de Philippe V, traduit de l'Espagnol de D. Vincent Baccalar y Sanna , Marquis de S. Philippe (par M, de Maudave) *Paris , 1756, 4 vol. in-12.*

114 Histoire du Cardinal Albéroni, traduit de l'Espagnol. *La Haye , Moetjens , 1719, 1 vol. in-12,*

115 Histoire de la Conjuration de Portugal , par l'abbé de S. Réal. *Paris , 1689, in-12.*

116 Mémoires de d'Ablancourt , contenant l'histoire de Portugal , depuis le traité des Pyrénées en 1659 jusqu'en 1668. *Amsterdam , de Lorme , 1701 , vol. in-12.*

IV. HISTOIRE D'ITALIE.

117 Abrégé Chronologique de l'histoire générale d'Italie, par M. le Févre de S. Marc, *Paris , Hérissant , 1761, 3 vol. in-8°.*

118 Les anecdotes de Florence , ou l'histoire secrète de la maison de Médicis , par Varillas. *La Haye , Moetjens , 1689, 1 vol. in-12.*

119 Histoire du Gouvernement de Venise , par Amelot de la Houssaye , avec le Supplé-

ment. *Paris , Leonard ,* 1677 , 2 *vol. in-8o.*

120 Histoire de la conjuration du Comte de Fiesque , trad. de l'Italien de Mascardi. *Paris , Barbin ,* 1682 , *in-12.*

121 Histoire de Nicolas Rienzi , par M. de Boispreaux. *Paris , David ,* 1743 , *vol. in-12.*

122 Histoire des Rois de Sicile & de Naples , des Maisons d'Anjou , (par des Noulis). *Paris , le Mercier ,* 1707 , *in-4o.*

123 Histoire Civile du Royaume de Naples , trad. de l'Italien de Giannone , avec des notes , des réflexions & des médailles. *La Haye , Gosse ,* 1742 , 4 *vol. in-4°.*

124 Histoire de la révolution du Royaume de Naples dans les années 1647 & 1648 , par Mlle. de Lussan. *Paris , Pissot ,* 1757, 4 *vol. in-12.*

125 Histoire de Jeanne premiere & de Jeanne IIᵉ. Reines de Naples & de Sicile. *Paris, Cl. Barbin ,* 1700 , *in-12.*

126 Apologie ou les véritables Mémoires de Madame Marie Mancini , Connétable de Colonne , écrits par elle-même. *Leyde,* 1678 , 1 *vol. in-12.*

V. Histoire d'Angleterre.

127 Histoire des dernières révolutions d'Angleterre , depuis le rétablissement de Charles II

II en 1620, jufqu'à l'avénement du Roi Guillaume, en 1689, trad. de l'Anglois de Burnet. *La Haye*, 1727, 4 *vol. in-12.*

128 Histoire de Guillaume le Conquérant Duc de Normandie, & Roi d'Angleterre, par l'Abbé Prévôt. *Prault*, 1742, 2 *vol. in-12.*

129 Histoire du Divorce de Henri VIII, Roi d'Angleterre, & de Catherine d'Arragon, (par l'Abbé Raynal). *Paris, 1763, in-12.*

130 Histoire de Marie Stuard, Reine d'Ecosse, avec des piéces justificatives, & des remarques, (par M^{rs}. de Marsy & Fréron). *Londres* 1742, 3 *vol in-12.*

131 Vie d'Elisabeth, Reine d'Angleterre, trad. de l'Italien de Gregorio Leti. *Amst.* 1746, 2 *vol. in-12.*

132 Mémoires fecrets de Milord Bolingbroke, sur les affaires d'Angleterre, depuis 1710, jusqu'en 1716, trad. de l'Anglois, (par M. Favier). *Londres, 1754, in-8º.*

133 Mémoires d'Angleterre, contenant l'Histoire des deux Roses, ou les différens des deux Maisons Royales d'Yorck & de Lancastre. *Amst.* 1726, *in-12.*

M

134 Mémoires du Regne de George I, Roi d'Angleterre, &c. *La Haye, Vanduren,* 1729, 5 *vol. in-8₀.*

135 Histoire du Parlement d'Angleterre, par M. l'Abbé Raynal. *Londres,* 1748, *in-12.*

VI. HISTOIRE *des Républiques de Hollande, des Suisses & de Genève.*

136 Histoire des Provinces-Unies, depuis 1560, jusqu'en 1716, par le Clerc. *Amst.* 2 *vol. in-fol.*

137 Histoire du Stathouderat, par M. l'Abbé Raynal. *La Haye,* 1748, *in-12.*

138 Etat de la Suisse en 1714, trad. de l'Anglois. *Amst. Westeins,* 1714, *in-8°.*

139 Histoire de Genève, par Spon. *Genève, Fabri & Barillot,* 1730, 2 *vol. in-4₀.*

VII. HISTOIRE DES ROYAUMES DU NORD.

140 Histoire de la Laponie, trad. du Latin de Jean Scheffer, par L. P. A. L. *Paris, de Varenne,* 1678, *in-4°.*

141 Mémoires concernant Christine, Reine de Suéde, chez *Saillant & Nyon,* 1751, 3 *vol. in-4°.*

142 Histoire de Charles XII, Roi de Suéde, par J. A. Nordberg, trad. en François, (par Charles Gustave Warmholtz). *La Haye*, 1742, 2 *vol. in*-4°.

143 Mémoires de Dannemarck, Hambourg, Lubeck, Holstein, Suéde & Pologne, par Aubery du Maurier. *Blois, Masson*, 1735, *in*-12.

144 Histoire Générale de Pologne, par M. le Chevalier de Solignac. *Paris, Hériffant*, 1750, 5 *vol. in*-12.

145 Histoire du Prince Ragotzy, ou la guerre des Mécontens. *Cassovie, Lancelot*, 1707, *in*-12.

146 Mémoires de Pologne, depuis 1733, jusqu'en 1737, par Armand de la Chapelle. *Amst.* 1739, *in*-12.

147 Histoire des révolutions de Hongrie. *La Haye, Neaulme*, 1739, 6 *vol. in*-12.

148 Anecdotes du Regne de Pierre I, dit le Grand, contenant l'histoire d'Eudochin Federowna, la disgrace de Menzikoff, &c. *Paris*, 1745, *in*-12.

149 Mémoires pour servir à l'histoire du Regne de Catherine Alexiewna, Czarine,

(& femme de Pierre le Grand). *La Haye,* 1728, *in-*12.

150 Vie du Comte de Totleben, Lieutenant Général des Armées de Russie. *Cologne,* 1763, *in-*12.

Histoire Générale de l'Europe pendant le seizième siècle.

151 Histoire Universelle de Jacques Auguste de Thou, (depuis 1548, jusqu'en 1607,) trad. de l'édition Latine de Londres. *Paris,* 1734, 16 *vol. in-*4º. & 10 *vol. in-*12, abrégée, *Saillant & Nyon.*

HISTOIRE DE L'ASIE.

152 Mœurs & usages des Turcs, leur Religion, leur Gouvernement civil, politique & militaire, (par M. Guer). *Paris, Coustelier,* 1746, 2 *vol. in-*4o.

153 Histoire des Arabes sous le Gouvernement des Califes, par l'Abbé de Marigny, (donnée par l'Abbé Perau). *Paris, Hérissant,* 1750, 4 *vol. in-*12.

154 Histoire des Sarrasins, trad. de l'Anglois de Simon Hockley, par M. Jault. *Paris, Nyon,* 1748, 2 *vol. in-*12.

155 Histoire Générale des Huns, des Turcs. des Mogols & Tartares, par M. de Guignes. *Paris*, 1756, 5 *vol. in-4°. Saillant & Nyon.*

156 Histoire de Thamas Koulikan, par le P. Ducerceau. *Paris, Briasson, 1743, in-12.*

157 Histoire de Saladin, par M. Marin. *Paris, 2 vol. in-12.*

158 Histoire de Tamerlan, Empereur des Mogols, & Conquérant de l'Asie, par le P. Margat, (donnée par le P. Brumoy. *Paris, Guerin, 1739, 2 vol. in-12.*

159 Histoire de la Conquête de la Chine, par les Tartares, par le P. Jouve. *Lyon, Freres Duplain, 1754, 2 vol. in-12.*

160 Histoire des deux Conquérans de la Chine & celle du Sevagi, Conquérant des Indes, par le P. d'Orléans. *Paris, 1688, in-8°.*

HISTOIRE D'AFRIQUE.

161 L'Afrique de Marmol, trad. de l'Espagnol, par Perrot d'Ablancourt, avec l'histoire des Cherifs, trad. de l'Espagnol de Torres. *Paris, Joly, 1667, 3 vol. in-4°.*

162 Histoire de l'Empire des Cherifs en Afrique, par M.... *Paris, Prault, 1733, in-12.*

163 Histoire d'Afrique, par M. Gardonne, 3 vol. *in-12. Saillant & Nyon.*

HISTOIRE D'AMERIQUE.

164 Mémoires historiques sur la Louisiane. *Paris, Saillant & Nyon,* 1753, 3 vol. *in-12.*

165 Histoire des découvertes & conquêtes des Portugais dans le Nouveau-Monde, par le P. Laffiteau. *Paris, Saugrain,* 1733, 2 vol. *in-4°.*

166 Histoire du Paragay, par le P. de Charlevoix. *Paris, Saillant & Nyon,* 1756, 3 vol. *in-4°. & 6 vol. in-12.*

F I N.

A PARIS, de l'Imprimerie de MICHEL LAMBERT, rue de la Harpe, 1771.

ERRATA.

PAGE 47, ligne 14. L'Histoire Sainte commence à la Création du Monde, & nous
conduit jusqu'à la onzième année avant
Jesus-Christ. *Lisez* jusqu'à la cent trente-
cinquième année.